Cómo identificar a un *patán*

TERE DÍAZ SENDRA

Cómo identificar a un *patán*

**Detecta a un hombre abusivo
¡antes de liarte con él!**

Diseño de portada: José Luis Maldonado López
Fotografía de portada: © Shuttersock
Diseño de interiores: Lucero Vázquez

© 2018, Tere Díaz Sendra

© 2018, Editorial Planeta Mexicana, S.A. de C.V.
Bajo el sello editorial DIANA M.R.
Avenida Presidente Masarik núm. 111, Piso 2
Colonia Polanco V Sección
Delegación Miguel Hidalgo
C.P. 11560, Ciudad de México
www.planetadelibros.com.mx

Primera edición en formato epub: septiembre de 2018
ISBN: 978-607-07-5231-5

Primera edición impresa en México: septiembre de 2018
ISBN: 978-607-07-5233-9

Impreso en los talleres de Litográfica Ingramex, S.A. de C.V.
Centeno núm. 162-1, colonia Granjas Esmeralda, Ciudad de México
Impreso y hecho en México - *Printed and made in Mexico*

A todas aquellas que aún confundidas
entre palabras humillantes,
silencios denigrantes,
miradas hirientes,
cuanto menos...
pueden distinguir que las mujeres
no somos territorio de conquista.

ÍNDICE

INTRODUCCIÓN..11

El amor no es como lo pintan...11

Decálogo de lo imposible..13

Una nueva idea del amor...20

PARTE I RECONOCIMIENTO

1   ENTRE PATANES TE VERÁS...25

No todo es un atentado..26

Agudizar los sentidos...27

¿Quién es un patán?...29

Rasgos de un patán..31

2   ¿NACEN O SE HACEN?...43

Tipos de patán..48

Cuando la adicción da vida o adereza al patán...............................80

PARTE II EXPLORACIÓN

3   CUANDO UN PATÁN HA HECHO DE LAS SUYAS CONMIGO.....91

Efectos visibles y no tanto...94

Así comienza el problema..95

Y a largo plazo, ¿qué pasa?..102

¿Se trata de masoquismo?...106

Círculo de la violencia..107

Reacciones naturales ante el maltrato......................................113

4   RESISTIR, TRANSGREDIR, DENUNCIAR Y RECUPERARNOS....117

De resistir a reconocer y transgredir.....118

Para salir del hoyo.....124

El proceso terapéutico.....133

Cuando el trauma hizo de las suyas....136

Dosis intensivas de resiliencia.....139

PARTE III LIBERACIÓN

5   MUJERES QUE ADMIRAN (Y AGUANTAN) DEMASIADO.....151

Ser hombre y ser mujer.....156

Tejiendo el patriarcado y el capitalismo.....157

Sexo y género.....162

Mujeres abriendo brecha.....169

Celebrar lo masculino y lo femenino.....175

¿Patanes que quieren dejar de serlo?

Una nueva masculinidad.....200

6   LO QUE SÍ VALE LA PENA.....209

El miedo a estar solo.....211

¿Estamos hechos para vivir en pareja?.....214

Un buen amor.....244

NOTA AL LECTOR.....271

INTRODUCCIÓN

EL AMOR NO ES COMO LO PINTAN

En nuestro camino podemos cruzarnos con personas igual de confundidas que nosotros, cuya falta de compromiso nos generará dolor y confusión, pero ciertas conductas lastimosas no necesariamente provienen de la patanería. Mas, por desgracia, también nos cruzaremos con seductores sin escrúpulos, seres envueltos en un halo de misterio abrumador que, cuando menos te lo esperas, te dejan en los huesos emocionales... LOS PATANES. Prepárate para hacerles frente cuando se te presenten.

Sufrimos por amor y eso no lo podemos evitar. ¿A qué se debe? A expectativas románticas imposibles de alcanzar, creencias que nos han instalado en la mente como un chip que no tiene otra forma de concebir el amor. Todas estas altas exigencias se suman a miles de cambios que estamos viviendo: acoplarnos a una nueva forma de elegir, vivir y manejar la vida en pareja.

Estos cambios se enlazan y nos hacen creer que el amor es un concepto cerrado, único, inamovible, ¡estricto! Pero, cuando ya estamos en la realidad, en el día a día con la pareja, muchas veces nos sentimos confundidas, frustradas, ¡vaya!, sufrimos. Y eso es porque el amor no es como nos lo pintaron.

Amigas: el amor y la vida han cambiado

Este —por exceso o por defecto— siempre ha sido (y será, probablemente) una preocupación principal en nuestras vidas. Tiempo atrás (e incluso en nuestros días) el valor de una persona se calificaba por la capacidad de amar y ser amado, de escoger y ser escogido, de desear y ser deseado. Es decir: si tenías pareja, tu vida valía más. Palabras más, palabras menos, estas ideas se van contagiando en la sociedad y se modifican de acuerdo con la época que estemos viviendo. Ha cambiado en una forma veloz, tanto que muchas veces no lo pensamos: la forma de amar.

Hombres y mujeres estamos entusiasmados y enredados a la vez. Frente a tantos cambios nos preguntamos: «y ahora, ¿qué debo hacer, cómo, cuándo, por cuánto tiempo, qué le toca a él o ella y qué me toca a mí?». Y así, entre dudas, tropiezos, intentos y remiendos, buscamos construir un buen amor.

«Lo que un día fue no será [o difícilmente será]», bien dice la canción. Las relaciones amorosas ya no responden más a las ideas tradicionales sobre el amor y será importante que te des cuenta de que esas aspiraciones sobre la vida en pareja se han ido desquebrajando poco a poco.

El hecho de que un hombre no se ajuste a lo que nosotras consideramos «el amor perfecto» no significa que su comportamiento sea «patanesco» y menos aún que quiera lastimarnos o «sacar ventaja» de nosotras. Como dice aquel refrán, «al César lo que es del César y a Dios lo que es de Dios»; es decir, hay que aprender a separar y ser justos al momento de repartir responsabilidades.

Por eso vale la pena conocer y entender algunas de las premisas amorosas que hoy, cuando intentamos iniciar y sostener una relación amorosa, se deshacen fácilmente y que, lejos de hablar de abuso, toxicidad o patanería, nos muestran las nuevas formas de entender el amor romántico, de construir nuestras relaciones de parejas, cambios propios del siglo que nos tocó vivir. Nos guste o no, sobre todo a las mujeres que han sido educadas para priorizar el romance, las relaciones, el amor e incluso los roles de los hombres han cambiado.

Revisemos, pues, algunos mitos sobre el amor que, de no ser cuestionados, pueden seguir causando inmenso dolor al momento de querer formar una relación que valga la pena.

DECÁLOGO DE LO IMPOSIBLE

1. **EL AMOR LO PUEDE TODO.** Creemos que, si ese amor es «verdadero», nada debe ni puede influir en él: ningún obstáculo o contingencia. Parece que estamos en un juego de televisión en el que debemos sortear cada prueba de vida o muerte «sin límite de tiempo». Pensamos que, cuando amamos de verdad, debemos sortear todos los problemas, superar los desafíos y lograr que la relación permanezca, crezca y sea disfrutable de aquí a la eternidad. Cuando algo contradice la postura de que el amor «siempre vence» los retos, se piensa que lo que hubo entre «tú y yo» no fue verdadero y que la otra persona es un «patán» por no intentar vencer las pruebas o lo-

grar, por ejemplo, dejar de pelear... porque el amor «todo lo puede». Cuesta trabajo entender que, a veces, el amor no es suficiente para hacernos felices.

2. **EL AMOR NO SE ACABARÁ NUNCA.** ¿Te suena conocida la frase «y vivieron felices para siempre», acompañada de un suspiro y una lágrima? ¿O esta otra, siempre seguida de un beso romántico: «hasta que la muerte nos separe»? Con estas ideas hemos mantenido la ilusión de que existe una garantía de eternidad. Es algo que vemos y escuchamos en la radio, la televisión y en las películas todo el tiempo. Las personas que se casan o están próximas a hacerlo mediante ciertos ritos —principalmente religiosos— seguramente han escuchado estas expresiones. Ahora imaginemos que una relación que se pactó para siempre o «hasta que la muerte los separe» no va bien por debilidades humanas, entonces la alternativa que se propone es «persiste, trata, lucha por él». A un buen número de mujeres nos ha pasado algo similar. Si no entendemos que el amor tiene fecha de inicio y, muchas veces, fecha de caducidad, vivimos en la negación o sacrificamos mucho. Es decir, terminamos sosteniendo relaciones poco satisfactorias que nos hacen vivir infelices, o construimos dinámicas en las que alguien se somete, pero tarde o temprano el que acepta someterse le pasa la factura al otro. Un cuento de nunca acabar. Siempre es mejor decir «aquí quedó» que postergar una relación dañina.

3. **EL AMOR ES INCONDICIONAL.** ¿Será? Quizá no haya amor incondicional más que el de la madre a su bebé y sólo los primeros días de su vida. Las personas vivimos de los intercambios entre las amistades y la familia, más aún en las relaciones

amorosas («te doy algo y espero algo de ti»), pero esto no significa que sea un juego rígido de «toma y daca». Es un ir y venir de afectos, de cuidados, de perdones, de apoyo. No se trata de llevar una lista con todas las cosas, tiempo o esfuerzo que hemos brindado para exigir de vuelta. Cuando nos relacionamos, buscamos algo que nos aporte crecimiento, satisfacción y beneficio. Quienes quieren entregar «todo por amor» podrían buscar alguna profesión o trabajo que lo requiera, como asistir a personas necesitadas o crear una asociación altruista, porque casarse o tener una pareja sólo para dar y no esperar nada a cambio podría causar mayor infelicidad de lo que se piensa. Hoy más que nunca, con el cambio de época, **las mujeres buscamos abiertamente sumar a nuestra vida amorosa el sexo, la diversión, las charlas, el dinero, los amigos, etcétera, y no restarle posibilidades a nuestro mundo. El único amor incondicional debería ser hacia nosotras mismas.**

4. **EL AMOR DEPENDE DEL DESTINO.** ¿Te parece familiar decirle a tu amiga «él estaba en mi destino»? Es común ir por la vida creyendo que tenemos una pareja que el destino puso en nuestro camino o que encontramos la «media naranja», esa mitad que nos completa y que, por lo tanto, es la única buena elección entre todas. Supongamos que eso es cierto. ¿Qué pasaría si mi supuesta alma gemela vive en Islandia o detrás de un iceberg en Alaska? ¿Qué opciones me quedan para serle fiel a esa media naranja? ¿La soltería? ¿Ir a su encuentro? El amor depende más de nuestras decisiones que del destino. Se puede congeniar y construir una buena relación con muchas personas, pero nosotros elegimos a alguien, al menos por un tiempo, como nuestra

pareja. Toda elección implica renunciar a otras posibilidades que pueden ser buenas. El chiste es que estés convencida de que has escogido lo que más te acomoda. ¿Cuántas personas renuncian a una vida de pareja sana y disfrutable por pensar que hay alguien «mejor» en otro sitio? Siempre puede haber alguien «mejor» y ¡peor! **Los buenos amores se eligen, se construyen en el diario caminar,** y, si llega el punto en que son obsoletos por la razón que sea, con dolor pero también con inteligencia y cuidado, se deben terminar. Tú construyes tu destino con las decisiones que tomas día con día.

5. **EL AMOR ES ENAMORAMIENTO, PASIÓN, ARREBATO.** El inicio de una relación es como una seda y un terremoto a la vez. ¿Recuerdas cuando tu más reciente noviazgo arrancaba? No querías despegarte de la otra persona; todo se percibía distinto y nuevo. ¡Qué momentos! Casi somos unas niñas que descubren ese nuevo mundo que se abre con nuestra nueva pareja y sentimos que el otro nos completa. A mayor intensidad, mayores serán nuestras necesidades que, aparentemente, sólo se satisfacen cuando nos encontramos con él. Ese sentimiento a veces desmedido surge del gozo embriagador del enamoramiento y de considerar que el nuevo amor nos permitirá tenerlo todo, así como completar aquello que nos faltaba. Sin embargo, el sentimiento es, por naturaleza, temporal y ficticio. Incluso, existen parejas amorosas que no atraviesan un loco enamoramiento en sus inicios. Pero ¡cuidado!, Cupido no tiene todo tan calculado como esperamos. Muchas personas en pleno éxtasis del amor se avientan a tomar decisiones importantes, como casarse, tener hijos, comprar bienes en común, y, cuando menos se lo esperan, se dan cuenta de que fue demasiado

pronto. **El amor es más que emociones que explotan en nuestro interior: es razón y voluntad.**

6. **EL AMOR POR SÍ SOLO GENERA ESTABILIDAD.** ¿A poco no has pensado que si hay amor habrá estabilidad en tu vida y que toda relación debe tener forzosamente un «papelito» que asegure su posteridad? ¿Y que si la otra persona no quiere casarse es porque no te ama? A veces creemos que toda relación «debe» conducir a una unión estable; incluso pensamos que ese «amor estable» se logrará y afianzará por completo cuando nos presentemos ante un juez o un representante religioso. Siento contradecir esta idea, pero afirmar que una boda es como una varita mágica y que es la única manera de obtener nuestra estabilidad también es olvidar que existen muchas otras formas de convivencia. No sólo nosotras estamos cansadas de los roles ancestrales de género que se acentúan con el matrimonio —¡amas de casa, esposas abnegadas, madres entregadas, novias sumisas...!—; también los hombres buscan otras opciones que favorezcan su autonomía, su sensibilidad y su igualdad. ¿No sería interesante o positivo hacer a un lado, al menos por un momento, esa falsa idea de que la estabilidad se obtiene cuando se firma un papel? Piénsalo un poco.

7. **EL AMOR ES FUSIÓN.** ¿Te acuerdas de esa canción que dice «tú y yo somos uno mismo»? Lamento decepcionarte, pero ¡NO!, el amor no va por ahí... Una cosa es que la vida de dos personas suceda a la par, en común, en lo que se refiere a intereses, deseos y valores (es decir, que se complementen), y otra muy distinta es cuando comenzamos a depender. ¿No te gustaría construir una pareja con una vida en común, pero con independencia? Si no sortea-

mos esta creencia de fusionarnos y difuminarnos con nuestra pareja, cuando se presenta una separación sentimos que algo de nosotros se disolvió con la relación. Intenta dar paso a un amor donde cada miembro de la pareja se abra a la individualidad, a la distancia y a la diferencia.

8. **EL AMOR SÓLO PUEDE SENTIRSE POR UNA PERSONA Y DARSE EN LA MONOGAMIA.** Nos han instalado un chip con cientos de ideas y, muchas veces, con opiniones sin fundamentos, con el mensaje de que «el amor sólo puede sentirse por una persona». Sugiero que hagas a un lado los prejuicios al reflexionar sobre esta idea. Si alguien ama a dos personas, pensamos que es una prueba fehaciente de que no quiere a ninguna de las dos y que es una patanería. La realidad es que se puede amar a más de una persona: a nuestros padres, a nuestros amigos y a nuestra pareja, con quienes tenemos acuerdos de convivencia y emociones distintas; amarlos no significa que dejemos de querer a los demás. **Con nuestra pareja y, en ocasiones, con ciertos amigos, podemos establecer acuerdos eróticos específicos: si habrá monogamia, poliamor, relación abierta —lo que mejor nos acomode o funcione—, pues no todos los deseos pasionales, románticos y eróticos se satisfacen exclusivamente con la pareja.** Uno elige ser monógamo. El prejuicio de la exclusividad sexual está muy extendido: uno se casa o se empareja con quien puede hacer una vida en común y compartir buena parte de las experiencias cotidianas, con quien tiene compatibilidad en muchas áreas de la vida... pero el deseo no se casa con nadie. Helen Fisher —antropóloga norteamericana

Monogamia: Relación amorosa y sexual formada únicamente por dos personas.

Poliamor: Relación amorosa y sexual en la que participan tres o más individuos, quienes son conscientes de que su pareja o parejas no tienen exclusividad con una sola persona en este ámbito.

que se ha dedicado a estudiar las relaciones amorosas— menciona que podemos tener experiencias
eróticas y amorosas complejas y contradictorias al
mismo tiempo. Esto puede malinterpretarse y dejar costos en el camino, pero no es traición, maldad
y desamor cuando hay un acuerdo de por medio.
Seamos honestos y fieles a nuestros acuerdos, digamos abiertamente lo que queremos.

9. **EL AMOR ES TOTAL.** No falta quien afirma: «Aisla-
    dos del mundo, yo seré todo para ti y tú serás todo
    para mí». Cuando se pretende pensar que no hay
    cabida más que para los deseos de la pareja, la vida
    se empobrece y termina por aburrirnos. Creer que
    el otro «todo lo tendrá contigo y sólo contigo» lleva
    a numerosos actos de control, celos, hostigamiento,
    posesión y hasta de violencia. Queremos tener en la
    misma persona un amigo, un esposo, un amante,
    un compañero de juego, un buen conversador, un
    padre ejemplar, un excelente proveedor... Espera-
    mos que nuestra pareja nos brinde lo que antes nos
    daba toda una tribu. Entendamos que nadie puede
    satisfacernos totalmente. El amor adulto siempre
    nos dejará un poco insatisfechos. ¡Aprendamos a
    vivir con ello!

10. **EL AMOR TODO LO SABE.** «Si me quiere, me cono-
    cerá de tal modo que sabrá lo que quiero, lo que
    necesito, mis deseos y mis gustos. No tengo que ex-
    plicar ni que pedir...». ¡Qué gran error pensar que el
    otro es un adivino! ¿Cómo podríamos saber lo que
    nuestra pareja quiere o con qué se siente cómodo?
    ¿Cómo pretendemos construir una relación de pa-
    reja sin comunicación? Dejemos de asumir que el
    otro tiene la llave de nuestra cabeza, que podrá ver
    todo lo que ahí pasa y que atenderá nuestras nece-

sidades no expresadas... Mejor hablemos y no olvidemos que siempre somos/seremos —por más que nos queramos y conozcamos— un misterio para el otro; así evitaremos generar expectativas insatisfechas y desilusiones constantes. Seamos curiosos, conozcamos al otro y sorprendámonos.

UNA NUEVA IDEA DEL AMOR

Te sugiero leer este decálogo cuantas veces sea necesario para ti, con el fin de entender las concepciones del amor en nuestros tiempos. Si entendemos esto, podemos encaminarnos a construir nuevos vínculos amorosos que nos permita reconocer que hoy en día podemos (y debemos) elegir libremente a un compañero «de viaje» (¿o a más de uno?, ¿o para más de un viaje?) y que merecemos en ese encuentro un intercambio igualitario que nos genere bienestar emocional y sexual. ¡Faltaba menos! Claro, la persona elegida ha de aceptar nuestra individualidad, pues la autorrealización no debe ponerse en juego por una relación. Como el trabajo, las amistades, las localidades cambian a «la velocidad del rayo», mediante negociaciones constantes hemos de lograr que el equilibrio y la reciprocidad se sostengan en la relación.

Pero no lo olvidemos: nada es perfecto, y estos cambios sociales que han posibilitado la transformación del amor también han generado sus propios y nuevos sufrimientos. La elección de la pareja se ha vuelto un proceso meticuloso y complejo, pues los gustos personales son cada vez más exigentes y refinados; el miedo al compromiso cada vez es más marcado; pensar o razonar demasiado sobre nuestras interacciones ha dificultado la verdadera conexión; todo esto se suma a la incertidumbre constante de saber si el otro quiere lo mismo que nosotros. El amor en la actualidad no sólo genera decepción, ¡sino que la anticipa!: desde edades tempranas pensamos que nuestros recorridos amorosos serán inciertos e inquietantes, lo que nos lleva a crear estrategias «macabras» para afrontar su fragilidad y temporalidad. En palabras sencillas, huimos del compromiso o, incluso, no tenemos claro qué tipo de compromiso es el que estamos buscando. Es aquí donde debemos abrir los sentidos y distinguir entre una actitud que es producto de un cambio de época en términos sociales, políticos y económicos, y una actitud patanesca.

PARTE I

RECONOCIMIENTO

CAPÍTULO 1

ENTRE PATANES
TE VERÁS

La violencia es el último refugio
del incompetente

ISAAC ASIMOV

¿Cuáles son las características de los amores tóxicos? ¿Cómo nacen y se desarrollan estas relaciones? ¿Qué características tienen las personas que logran atentar contra nuestra integridad física y mental? Si las estrategias de los patanes fueran siempre abiertas y directas, si sus conductas no se mezclaran con muestras de amor, sería sencillo hacernos a un lado con velocidad, pero generalmente —en nuestra necesidad y deseo de amar y ser amadas— no prestamos atención a ciertos rasgos de su carácter, signos en su conducta, distorsiones de pensamiento y reacciones emocionales de esos «galanes» que podrían darnos pistas para evitar iniciar una relación. Algunas veces la perversión de los patanes en juego es estratégica y silenciosa, así que requerimos tener más «colmillo» para detectarla y salir de ahí.

NO TODO ES UN ATENTADO

Actualmente las mujeres gozamos de nuestro cuerpo y emociones con mayor libertad, un disfrute que no era permitido de forma tan abierta por la sociedad de antes, pues durante mucho tiempo las estructuras culturales nos asignaron un rol del que era muy difícil salir, como lo podemos observar en nuestras madres o abuelas. Sin embargo, esta transformación femenina también cambió a los hombres: ahora ellos dominan sus emociones de una forma casi contundente. Es justamente en el plano amoroso y sexual donde se nota la desigualdad moral entre géneros.

Las mujeres salimos de nuestras casas, de nuestros círculos privados y familiares para ocupar cargos públicos; día con día abarcamos más espacios. Eso tuvo una consecuencia directa en la libertad sexual. Antes de que sucediera esta transformación, las mujeres éramos valoradas por el afecto que podíamos brindar; por ello para nosotras este cambio ha sido una tarea un poco más compleja. El hombre, por su parte, al tener mayores espacios en la vida pública desde tiempos pasados y más accesos —demandas— para ser «exitoso», desarrolló un menor apego amoroso, lo que le permite permanecer más tiempo practicando su sexualidad sin implicarse mucho emocionalmente, con menos presión para ejercer la paternidad, y disponer de más mujeres —de diversas edades— para elegir.

Aun así, todos, absolutamente todos, nos movemos en una continua incertidumbre amorosa, que nos dificulta elegir una pareja, permanecer en una relación y obtener satisfacción dentro de ella. Sin embargo, las mujeres somos más sensibles hacia «la falta de compromiso». «No se quiere comprometer», «quiere estar solo», «es un egoísta» son frases que escuchamos cotidianamente sobre los vínculos de pareja que establecemos. Por lo menos una o dos de tus amigas —lo puedo asegurar— han pasado por ello. Es uno de los reclamos más frecuentes entre nosotras, las mujeres.

Esto no ocurre de manera accidental, pues el éxito de un hombre depende de sus logros económicos y profesionales, no de la construcción de una familia con hijos, como pasa tradicionalmente con nosotras, quienes construimos nuestra identidad desde el amor, la familia y nuestras relaciones.

Esta desigualdad se fortalece con otras ventajas masculinas: el reloj reproductivo no los define ni biológica ni culturalmente, por lo que la búsqueda de una relación estable para formar una familia puede prolongarse, mientras que en nuestro caso sí representa una desventaja (si una mujer se embaraza después de los 35 años, se considera de alto riesgo). Finalmente, el ejercicio de la sexualidad es —y siempre ha sido— un símbolo de estatus masculino.

En pocas palabras: para el hombre en general el sexo representa su valor, mientras que para nosotras ese lugar lo ocupa el amor. Esta consideración nos pone en mayor riesgo y en desventaja al momento de elegir pareja. Anhelamos el amor de un hombre y tendemos a idealizar con mayor facilidad a quien se nos pone enfrente. Esa necesidad nos lleva a omitir señales patanescas o los signos que nos hablan de quién es verdaderamente la persona con quien nos vamos a liar.

AGUDIZAR LOS SENTIDOS

Hace poco más de 100 años, en un pasado no tan lejano, la gente vivía en pequeñas comunidades. Todos se conocían entre sí: sabían de sus familias, de sus trabajos, de sus amistades, lo que les daba información suficiente para darse una idea de con quién debían relacionarse y a quién evitar, aunque no había mucha posibilidad de elegir a las personas con quienes se quería vivir, trabajar, divertirse y dormir.

Como en las telenovelas, la mayoría de los matrimonios eran concertados por las familias de origen con el propósito de conservar el estatus familiar y asegurar la continuidad de la familia dentro de marcos claramente definidos. En resumen, la gente se relacionaba y se casaba con personas de su mismo contexto económico, social o religioso.

Hoy las cosas son muy distintas y cambian rápidamente. Elegir una pareja del mismo contexto, religión y estatus social ya no es una regla, menos aun con el avance de las redes sociales y lo fácil que es comunicarnos actualmente. Ya no importa cuál sea tu nacionalidad; por lo tanto, la individualidad y la libre elección están ganando terreno.

Se puede conocer a infinidad de personas en un solo día: gente que se encuentra «a la vuelta de la esquina» o que vive al otro lado del mundo y de quien no conocemos ni su vida familiar ni laboral, ni su entorno social. Tampoco sabemos si la imagen que proyectan de sí mismas es real o no. Sabiendo poco de su pasado y de su historia, difícilmente tenemos certeza de con quién estamos hablando y menos aún cómo será su comportamiento en el futuro.

Aunque es una maravilla poder encontrarnos con cierta facilidad con alguien que nos agrada, irnos a la cama con él, descubrir cierta afinidad y enamorarnos, lo que no resulta tan agradable es que, al apresurar todo, nos demos cuenta tres meses después de que no tenemos la menor idea de con quién estamos tratando.

¡A desarrollar nuestras habilidades, mujeres! Estas sorpresas nos obligan a adquirir cierta conciencia sobre el tipo de personas con las que nos relacionamos. Puedes echar un vistazo entre tus amigos, colegas y socios. Aquellos con los que sientes más afinidad tendrán algunas características en común. En unos cuantos minutos podrás hacer el ejercicio en tu oficina, escuela o con tus vecinos. Si has conocido algunos hombres que te interesen como pareja, abre aún más los ojos.

Nada te garantiza «el triunfo amoroso» ni librarte de personas «con mala voluntad», pero sí hay maneras de volverte más hábil para detectar conductas aparentemente sutiles que denoten personalidades abusivas y enfermas; con ello, podrás ahorrarte mucho tiempo de sufrimiento, muchos recursos invertidos en las relaciones, muchos dolores de cabeza.

¿QUIÉN ES UN PATÁN?

La palabra *patán*, en términos generales, se refiere a un hombre que se comporta de manera tosca, ignorante y grosera. Hablar de patanería conlleva una carga de maldad. Un patán es quien, por razones de personalidad, de enfermedad mental o de abuso del poder que tiene (o de las tres cosas juntas y revueltas), pone en riesgo el bienestar y la integridad física, social, emocional, económica o sexual de su pareja. En ocasiones es intencional y en otras no, pero en ambos casos atenta contra la persona que convive con él.

Con el objetivo de lastimar, un patán agrega maldad y perversión a su conducta; cuando es consciente del abuso y la manipulación, causa mayor dolor y humillación a su pareja. Un patán que aumenta sus comportamientos lastimosos y maltratadores por enfermedad, machismo o ignorancia también perturba física y mentalmente con quien se relaciona.

Aprender a diferenciar actitudes no se trata de ir por la calle discriminando a todos los hombres que conozcamos o de excluir a alguna persona que se ve involucrada en alguna situación conflictiva. Los prejuicios deben estar muy lejos de nosotros.

La patanería no tiene color de piel ni tipo de cabello. No podemos juzgar por la simple apariencia de una persona. Tampoco se trata de rechazar a la primera de cambio a las personas que padecen ciertas enfermedades que tratadas pueden tener (y dar) una buena vida.

Lo que sugiero es que te pongas a salvo de los conflictos, acciones, intenciones y abusos del patán, y, de ser necesario, denuncies sus conductas, como forma de resistencia al maltrato y a la humillación.

Una palabra, ciertas acciones, algunos silencios y diversas sutiles omisiones pueden, sin que el patán se manche las manos, hacer pedazos a su pareja. Los comportamientos hostiles dañan la estabilidad emocional de la pareja, además de que provocan la destrucción física y mental sin que otras personas puedan intervenir. ¿Te ha tocado vivirlo o ver cómo una amiga tuya comienza a tener un cambio radical en su vida de forma negativa a raíz de esto?

Quien agrede generalmente «se engrandece» rebajando a su pareja; la responsabiliza de sus desplantes hirientes y muchas veces oscila entre el encanto y la maldad. Como he dicho, a veces son acciones evidentemente desconsideradas, incluso despiadadas, pero generalmente son las pequeñas e «inofensivas» intervenciones lastimosas sostenidas en el tiempo las que van debilitando la personalidad de su pareja.

Los patanes, a reserva de que estén muy trastornados, saben qué dar y qué quitar, cómo seducir y cuándo lastimar. Son encantadores y al mismo tiempo producen confusión y miedo.

La manipulación, el chantaje, la amenaza, la negligencia o la explosión tienden a ser algo que los caracteriza. Quienes se relacionan con ellos con frecuencia se muestran sumisos y adaptables, quizás por el miedo a una nueva agresión, quizás por esta idea de complacer a los demás.

Reconocer a las personas conflictivas o abusivas te ahorrará muchos problemas, mucho tiempo y hasta dinero. Te ayudará a evitarlas y hasta a darles la vuelta.

Todas o casi todas las mujeres nos hemos visto involucradas en alguna relación abusiva. Es un sentimiento que podemos compartir y entender; por eso mismo también sabemos que es difícil transformar ese tipo de interacciones. Si no tenemos opciones y estamos atrapadas en medio de una situación difícil, amigas, es momento de pedir ayuda.

RASGOS DE UN PATÁN

Es una fortuna que hoy por todos lados se lean, vean y escuchen los avances que tenemos hacia la igualdad entre mujeres y hombres. Caminamos un poco más seguras e, incluso, construimos de manera más firme nuestra independencia, identidad y áreas profesionales. Esas guerreras que siempre han estado en nosotras, y que antes sólo estaban ocupadas en las labores del hogar, ahora salen a librar batallas de muchos tipos. Todo eso es magnífico, pero temo decepcionarlas, porque, para nuestro infortunio, aún concebimos como normales diversas conductas abusivas que calificamos como «propias del género masculino». ¿Recuerdas aquel dicho de tu abuela: «déjalo, así son los hombres»? Normalizar ciertos abusos nos lleva directito a la trampa del patán...

Casi todo tipo de personalidad tiene patrones de conducta que se repiten, o lo que es lo mismo: todos y todas tenemos rasgos positivos y no tan positivos que habitan en nuestro carácter, pensamiento, sentimientos y emociones... vaya, ¡en todo!

Es cierto: es difícil trabajarnos, lo sé, pero te apuesto que puedes empezar si cada vez que una pareja o amiga te hace una crítica constructiva sobre tu actitud para mejorar la convivencia, intentas tomarla en cuenta.

Sobra decir que las personas prepotentes, abusivas, conflictivas y en ocasiones enfermas son mucho más rígidas y empecinadas que las personas «comunes y silvestres». Por la razón que sea —inconsciencia, prepotencia, enfermedad, abuso— repiten actitudes que desprecian, minimizan o invisibilizan las peticiones o la retroalimentación que les hacemos llegar, generando en nosotros una sensación de impotencia y pequeñez que nos confunde, agravia y paraliza con el paso del tiempo.

RECOMENDACIONES ANTES DE ARMAR TU LISTA PATANESCA

Antes de ponerte la capa de Sherlock Holmes, portar la armadura de Juana de Arco o levantar la ceja como María Félix cuando estés frente a un hombre, debes saber que, si alguien presenta una o varias de las siguientes características, no necesariamente es un patán. Estas recomendaciones no son una fórmula mágica. Pero si el hombre en cuestión utiliza las siguientes conductas de manera sostenida e hiriente y sientes que te minimiza, entonces, querida, enciende las alarmas.

Hay grados de maldad y abuso: algunas actitudes pueden ser «más o menos» inocuas, inconscientes y esporádicas —pero ojo, no por eso se deben dejar pasar—, mientras otros comportamientos son parte de estrategias enfermas y devastadoras.

Para evaluar el riesgo de la relación y del hombre en cuestión, habrá que considerar la frecuencia, la intensidad, los contenidos y, por supuesto, la perversidad de las acciones. Desafortunadamente existen casos en que toma años darse cuenta de la gravedad del asunto en el que uno se ha metido. Siempre será mejor prevenir e intentar identificar al patán a tiempo.

Primero hablaremos de las obviedades, esas actitudes en apariencia «triviales» y cómo avanzan en complejidad:

RECONOCER AL PATÁN

1. **PRESUME SUS CONQUISTAS Y LIGUES.** Esta actitud que puede tener frente a ti o sus amigos, además de ser irrespetuosa, da cuenta de su necesidad por demostrar que él puede estar con quien sea y que, «al ser un gran partido, te hace un favor». Él es mejor hombre mientras más ligues tenga. La necesidad de este hombre (mejor conocido como «todasmías») por mostrar su ventaja lo puede llevar a coquetear frente a ti. Esta postura incluye miradas lascivas e insinuaciones sexuales hacia otras mujeres, lo que denota que las ve como objetos para su placer.

2. **NO INVIERTE EN LA PAREJA.** No quiere «gastar» tiempo, dinero ni espacios. Y esto va desde tener la iniciativa de invitarte a salir o darte un regalo con cierto significado, hasta organizar su tiempo de manera que genere los momentos necesarios para compartir. Sabemos que el tema de la igualdad de género incluye no sobrecargar al hombre con todos los gastos de los paseos o la diversión en conjunto, sobre todo cuando existe cierto equilibrio en ingresos económicos, pero eso es diferente a la falta de generosidad en las interacciones. Es otra forma de mostrar su poca disposición para integrarte en su mundo, compartir sus espacios, hacerte parte de su realidad cotidiana —sin que eso signifique que deban hacer todo juntos—, lo cual deja ver que no tiene interés en que su entorno te conozca y en que formes parte de su vida.

3. **TIENE UN COMPORTAMIENTO IRRESPETUOSO.** Suele pedir favores de manera déspota y autoritaria, y por supuesto no se molesta en dar las gracias. Puede hacer esperar a la gente sin ofrecer disculpas, hacer uso de manera abusiva de cosas que no le pertenecen sin tener el cuidado en devolverlas. Llega media hora después a la cita y quizá habla del tránsito y los factores que lo detuvieron, pero nunca dice «discúlpame». Las faltas de respeto pueden llegar a ser abiertamente groseras y agresivas.

4. **QUIERE SER EL PROTAGONISTA.** Suele incomodarse si tú o los demás no le dan un trato especial. El patán-protagonista interrumpe las charlas, elige los temas de conversación e ignora las pláticas que no son de su interés. Si hablas de tu día, puede evadirte para dirigir la conversación hacia él. Carece de la intención de ceder para satisfacerte en algo, porque

eso implica tener que posponer lo suyo y frustrarse un poco. De hecho, los regalos que da, los cumplidos que ofrece o las actividades que comparte tienden a ser más un reforzamiento de la imagen que quiere crearse de él mismo que el deseo genuino de complacerte. Si bien todos tenemos derecho a gozar de tiempos y espacios individuales, un patán sin duda prioriza sistemáticamente a sus amistades, su familia, sus actividades y sus deseos sobre los de alguien más, considerando que lo que le acontece a él tiene mayor importancia y que la forma en que él maneja las cosas tiene mejores resultados. Este rasgo incluye posponer permanentemente acuerdos que ha hecho en la relación y cancelaciones de última hora a sus citas sin causa justificada.

5. **LAS EMOCIONES AJENAS NO IMPORTAN.** «¿Andas en tus días?» ¿Te suena conocida esta frase de un hombre al que no le gusta que te enfades por algo o no estés de acuerdo con él? ¡Vaya que es conocida! El patán siempre tendrá un argumento para minimizar o invisibilizar el mundo afectivo del otro: lo que el otro dice no es lógico o está desequilibrado, o bien, todo se debe a una sensiblería femenina. Este «analfabetismo emocional» se debe a que estos hombres son tan autocentrados y poco empáticos que están impedidos para adquirir información a través del lenguaje de las emociones. Si es apasionado, puede que sea más una persona que goce de la intensidad, pero a la que se le dificulte la intimidad.

6. **ES CONTROLADOR Y POSESIVO.** Se la pasa diciéndote cómo vestir, está atento a tus redes sociales y quién te escribe, checa tu celular y computadora; hace juicios sobre tus amistades, mostrando malestar cuando no son de su agrado; critica tu cuer-

po o tu forma de comer y amenaza con dejarte si engordas; incluso, si te brinda algún tipo de apoyo económico, pretende controlarte con eso, entre otras cosas. Esto, además de mostrar una falta de aceptación de la pareja, es un claro maltrato emocional que tiene riesgo de transitar a una violencia física. Sin duda, los celos son una señal de alta peligrosidad y también se manifiestan en preguntas suspicaces sobre a dónde vas, con quién te relacionas y cómo te comportas, así como en afirmaciones contundentes de lo que es bueno y lo que es malo.

7. **DIFÍCILMENTE TOMA RESPONSABILIDAD DE SUS REACCIONES Y ACTOS.** Tiende a culpar a los demás y, por supuesto, a ti, de no entenderlo, de provocar su enojo y de hacerlo cometer errores: chocó porque iba distraído pensando en la discusión que tuvieron en la mañana. Sin estar tú presente, aun así fue tu responsabilidad. ¡Qué caray! Esto da cuenta de una falta de autocrítica, de una imposibilidad para reflexionar sobre sus propias motivaciones, de no asumir las consecuencias de sus acciones y de la dificultad de rectificar cuando se equivoca. Asume una actitud de víctima, aunque su conducta sea de victimario.

8. **DESPRECIA A LOS DEMÁS, INCLUIDA LA PAREJA, SI NO SON DE SU «TALLA».** Se mide con las personas en términos de quién es más y quién es menos, generalmente en criterios basados en ingresos, clase, educación, inteligencia, estética, etc. Se compara y desdeña a quienes considera que no le dan el ancho, asumiéndose en una postura de superioridad. Puede ser denigrante y descalificador cuando se siente en una posición de poder, y envidioso y prejuicio-

so cuando se siente en desventaja. «Me encantaría estar en la casa, como tú; mi trabajo es muy pesado» y frases como esas son comunes para anular a su compañera. La descalificación como estrategia de desprecio incluye repetirte —verbal o gestualmente— que no vales, convenciéndote de que tus cualidades son escasas y de poca importancia. Esta maniobra hace que el patán te lleve al hundimiento, con el fin de revalorizarse él mismo.

9. **USA LA BURLA, EL SARCASMO Y LA IRONÍA COMO LA DULCE «CEREZA DEL PASTEL» DEL MALTRATO.** Esto le ayuda a posicionarse como quien sabe más, colocándote en el lugar de la ingenua o la ignorante. Las agresiones no son «estruendosas» ni directas; el sarcasmo y la ironía hacen uso de anécdotas, alusiones o bromas que te impiden detectar el momento en que inicia el maltrato y afirmar que se trata de una agresión. ¿Te ha pedido que guardes silencio frente a todos porque seguramente no sabes mucho de un tema? Lo que experimentas es una sensación de vergüenza y humillación. También se genera una experiencia de desvalimiento, en tanto que el patán astuto usa alguna dificultad, limitación o defecto tuyo —físico o emocional—, o se mete con tus convicciones, ideologías o gustos, para «graciosamente» hacer guasa con ellas y ridiculizarte. Un buen ejemplo son los apodos hirientes, que generalmente consiguen que el grupo se ría y se convierta en cómplice del desprecio. Y si hay algún reclamo de la pareja, la respuesta será: «no aguantas nada», «qué amargada, si sólo es una broma». Observa: las ironías y burlas de los patanes nos tienen especialmente a nosotras como el blanco.

10. **PRIORIZA SU SATISFACCIÓN Y SEXUALIDAD.** Muestra poco interés en descubrir tus deseos y necesidades eróticas, así como en ser paciente para lograr tu satisfacción. O si, por el contrario, te muestras deseosa y sabedora en la cama, pueden sentirse amenazados y considerarte desde una mujer exigente e insatisfecha hasta una puta experimentada. Puede culparte de falta de experiencia o incluso de «frigidez» si él no se desenvuelve con mayor soltura en la cama o si no experimenta mayor placer. Puede llegar a presionarte con chantajes, manipulaciones y cierta coerción para experimentar prácticas que no deseas. Ambas situaciones generan una negación de la sexualidad del otro, ya sea por exceso o por defecto.

11. **ES MENTIROSO.** Todos, de una u otra forma, hemos dicho alguna mentira «bondadosa» o hemos falseado alguna realidad para salir de algún aprieto tonto, pero la mentira como modo de vida es otra cosa. Sobra decir que la gente que miente sistemáticamente —con o sin consciencia— es poco confiable. Por un lado, mentir puede ser la maniobra que permite al patán «salirse con la suya» (hacerte creer que se dedica a algo, no está con su familia como te contó) sin tener que dar mucha explicación ni justificar sus acciones, y, por otro, puede funcionar como una estrategia de debilitamiento y destrucción. Ambos casos lastiman, pero el segundo habla de una maldad premeditada. Por ejemplo, un patán «de hueso colorado», en vez de mentir directamente, usa silencios e insinuaciones para crear un malentendido que después utilizará para su propio beneficio. En esa ambigüedad, digas lo que digas, el patán siempre verá la forma de tener la razón o, peor aún, sabrá confundirte, desestabilizarte y tener mayor control.

12. **NIEGA EL CONFLICTO.** Cuando te quejas o quieres explicar algún malestar, él rechaza la comunicación directa y niega tanto el reclamo como la existencia del conflicto. Es común que —con actitud de templanza y calma— te haga sentir que eres no sólo exagerada, sino histérica, porque te irritas «sola» y por nada. Sin duda, te hace entrar en desesperación por no ser escuchada, pero sobre todo por la confusión que la postura del patán te genera. Es común que un tipo experimentado, sin perturbarse y en tono frío, explique sus motivos con superioridad, con el que —pareciendo sabio, pero sin decir mucho— te haga sentir tonta y además te paralice; temes preguntar porque, en efecto, no lo entiendes. Si preguntas por el tema a resolver, lo anulará: «¿cuál problema?, ¡no hay ninguno!». Así, él evita la comunicación directa y hace insinuaciones vagas para dar largas a tus malestares, logrando que te pasmes, pues ¿cómo defenderte de algo que aparentemente no existe?

13. **DIVIDE, AÍSLA Y VENCE.** ¿Sientes que te has aislado de tus amistades o familia? La técnica de separarte de tus vínculos importantes para él convertirse en «toda» tu vida, o generar algún tipo de intriga para promover la enemistad y la confrontación entre tú y los tuyos, es otra de las maniobras —más sofisticada y aún más perversa— de los patanes. Esta idea, que en muchas ocasiones incluye estrategias para propiciar rivalidades, sembrar dudas, hacer omisiones, guardar silencios y provocar celos, además de desestabilizar tus redes de apoyo y debilitar tus vínculos, otorga al patán el gusto de «no ser él» quien hace una mala jugada, sino tus «seres queridos». Tras la decepción, el patán no sólo queda en un lugar de «superioridad moral» o de fuente de

consuelo, sino que favorece la dependencia hacia él. ¿Has dejado de ver a tu familia y amigos porque, qué caray, siempre sucede algún desacuerdo entre tu pareja y ellos?

14. **TE ATRAPA SU FORMA DE HABLAR.** Verbalmente dice una cosa («está muy rico lo que cocinaste», «me caen muy bien tus amigas»), pero su forma de actuar te indica lo contrario (deja el plato lleno o no platica con nadie durante la reunión). Si te sientes confundida y le preguntas algo al respecto, como: «¿te molestó algo de mis amigos en la reunión?», él lo niega. Esta estrategia no es fácil de identificar y su finalidad es enredarte para poder mantener el control. Este tipo de comunicación tiende a impedir un verdadero pleito, pero te deja una serie de contradicciones, genera culpa y hasta puedes llegar a pensar que eres tú la causante de las situaciones. Finalmente, frente a estas actitudes no reclamas ni te enojas, pues estás continuamente confundida.

Si después de leer todo esto piensas que todo el mundo es un patán, ¡detente! Todos podemos tener algunos de los rasgos mencionados de vez en cuando o cometer alguna conducta patanesca cada tanto, sin que ello implique que seamos abusivos, conflictivos o que estemos enfermos. Lo que caracteriza al patán es que estas conductas son repetitivas y las justifica, en lugar de pedir disculpas o hacer una reparación de los daños producidos. Ya sea porque amenaza, confunde, se victimiza, maltrata, intimida, demanda o calla, el patán impone su voluntad, sus necesidades y sus deseos sobre los tuyos.

Pero tampoco se necesita tener todos, absolutamente todos esos «atributos» para ser un patán... Cada uno de ellos tiene su propio estilo de carácter y despliega bien sus estrategias. Hablar de que una persona utiliza tres o cuatro de aquellos rasgos con frecuencia y sin consciencia del daño que genera, ya nos da una señal de alarma. Además, y lo veremos en los siguientes capítulos, no todos los patanes son del mismo calibre: algunos parten de una idea errónea de masculinidad o de malos hábitos de crianza, sin tener intenciones malevolentes (lo cual no minimiza la herida que produce), mientras que otros despliegan actos violentos y terribles, si no es que macabras estrategias de perversidad.

CAPÍTULO 2

¿NACEN
O SE HACEN?

*Los hombres buscan mujeres que ya no existen, y
las mujeres buscan hombres que nunca han existido.*

Antoni Bolinches

Todos tenemos un cierto margen de acción para trabajar en nuestra personalidad, pero generalmente repetimos un estilo que incluye conductas, pensamientos y sentimientos particulares a lo largo de la vida.

Si no tuviéramos la capacidad de autocriticarnos y de cambiar, mi profesión como terapeuta estaría obsoleta, pero aun así afirmo con seguridad que la personalidad no se modifica radicalmente cuando somos adultos.

La personalidad cambia en tanto que las situaciones en las que nos movemos, las experiencias, nuestras relaciones, las alegrías, las tristezas y todo lo que acompaña nuestras vidas la van configurando. Existe también una retroalimentación entre la personalidad y la acción, pues un tipo de carácter marcado nos lleva a comportarnos de maneras concretas y a veces estereotipadas, influenciadas por nuestras percepciones y temperamento. En términos generales la personalidad se conforma por factores biológicos y ambientales:

BIOLÓGICOS. Son aquellos con los que nacemos: lo genético y lo orgánico. Nuestra genética no sólo contiene nuestras características físicas, esos ojazos o esa sonrisa heredada de la abuela, también incluye nuestro temperamento y cómo percibimos ciertas cosas. Es increíble saber que el temperamento (que tanto se quiere dominar a veces) sea biológico y nos define como personas activas, pasivas, emocionales o frías... Con este se nace.

Lo orgánico tiene que ver con nuestro crecimiento físico: si nuestro cuerpo ha sufrido alguna enfermedad o lesión grave antes de la gestación o durante nuestro desarrollo. Factores como esos pueden afectarnos y modificar nuestra percepción de la vida, así como predisponernos a desarrollar conductas excéntricas, como ansiedad, depresión, actitudes explosivas o hasta los deseos de mantener un orden exagerado de las cosas... Supongo que conoces a más de una persona con un rasgo así.

AMBIENTALES. Aquí pasamos a otra área. La personalidad no sólo es un asunto de ADN en nuestro cuerpo, también se conforma por factores externos que provienen del medio social y cultural que nos rodea e influyen en nuestro desarrollo. Incluyen a la familia, las amistades, la escuela, la religión, los medios de comunicación, nuestra comunidad, etcétera; y cada uno de ellos puede modificar nuestro carácter en un grado importante.

Es imposible separar los factores biológicos de los sociales, su interacción constante nos va formando. Dentro de todos aquello que nos puede afectar se encuentra:

- **LA CRIANZA.** Nuestros padres nos comparten una primera forma de ver el mundo, la vida, las relaciones y hasta una imagen de nosotros mismos. La mirada recibida en nuestros primeros años de vida, si bien no determina nuestro futuro, sí condiciona la forma en que nos valoramos.

- **PATRONES FAMILIARES.** Nos guste o no, por el simple hecho de pertenecer a un determinado núcleo familiar generamos un sentimiento de compromiso y unión más o menos consciente hacia él. Los temas de nuestros antecesores, así como las injusticias cometidas dentro y fuera de nuestra familia, pueden tener un impacto inconsciente en nuestra vida: ¿enfermedades?, ¿depresiones? ¿fracasos económicos?, ¿relaciones conflictivas? Podríamos experimentar cierta culpa y temor por «traicionar» a nuestra familia de origen con algún comportamiento que desafíe la historia familiar, culparnos de conseguir lo que otros no tuvieron, temer «ser expulsados» de entre los nuestros y perder el derecho a la pertenencia familiar. Las lealtades invisibles a nuestra familia de origen existen.

- **DESENCANTOS AMOROSOS.** La mayoría de los habitantes del siglo XXI hemos atravesado más de una relación amorosa, algunas de ellas tóxicas, que nos dejaron un mal sabor de boca; o bien, hemos experimentado los rompimientos que echaron por la borda todos nuestros planes, atentaron contra nuestra integridad mental y quizás física, y rompieron nuestro corazón. Los amores que han terminado requieren ser acomodados en nuestra vida a través de un proceso de duelo y en ocasiones de recuperación. Existen experiencias traumáticas que generan recelo y desconfianza al iniciar un nuevo amor.

- CULTURA PATRIARCAL. Las ideas sobre lo masculino y lo femenino surgen, cambian o se mantienen en las sociedades y culturas. Sin embargo, el patriarcado, esta palabra tan común y muchas veces tan compleja, ha persistido en cada época, y quiere decir que los hombres deben tener el poder y mandar sobre las mujeres en la familia, el trabajo y en la sociedad en general.

- MACHISMO. El machismo es una práctica. No es una característica individual de algunos hombres, sino una forma de relacionarse que pretende el dominio de algunos sobre los demás —no sólo hacia las mujeres, también hacia hombres, niños o subordinados—. El machismo se basa en el poder y de alguna manera todas tenemos un poco de machistas al ostentarlo.

- IDEOLOGÍA ROMÁNTICA. ¿Recuerdas el «Decálogo de lo imposible» que abordamos, todas esas ideas inalcanzables del amor, el amor de Hollywood y telenovelesco?... Estas ideas románticas que nos han heredado configuran nuestra personalidad. ¿En cuántas ocasiones recuerdas haber modificado algo de tu personalidad para gustarle a otros? Seguramente muchas. Lo importante es trabajar y cuestionar estos factores que solamente nos complican las relaciones amorosas.

Sobre este «Decálogo de lo imposible» y otros anhelos inalcanzables, reflexionemos. Te invito a preguntarte lo siguiente como ejercicio:

Después de años de relación en los que pelean a diario, se han dicho cosas hirientes y, estando juntos, son más los momentos malos. ¿Aún crees que el amor puede soportar todo?	☐
Dejaste de lado cosas que te interesaban por estar bien con él; la felicidad ya parece un lujo. ¿Sigues pensando que su amor está intacto?	☐
Cansada después del trabajo regresas a limpiar tu casa. Te reservas tus molestias para no perturbar la paz. Has optado por dar todo con tal de que la relación funcione sin pedir el mismo trato. ¿Te sientes bien, sinceramente, con este acuerdo?	☐
Lo conociste en una reunión. ¿Y si en lugar de la reunión hubieras ido al restaurante que tanto te gusta, a ver la película que esperabas con ansias o salido de viaje, y ahí hubieras conocido a alguien más que también compartiera tus intereses? ¿Seguirás pensando que en el mundo sólo una persona es tu pareja ideal?	☐
Se conocieron y fue una explosión. Todo era absoluto y parecía urgente: amor en todas sus formas. ¿Crees que sea prudente tomar decisiones importantes en ese instante? Si esperas un poco, ¿qué podría pasar? ¿Algo cambiaría? ¿Por qué?	☐
Hay desacuerdos, dudas, intereses distintos entre tú y tu pareja. ¿El matrimonio cambiaría esto?, ¿haría que se llevaran mejor?	☐
¿Qué actividades te gustan? ¿Qué haces en tu tiempo libre? ¿Cómo te definirías, en general? ¿Algo de esto cambiaría al separarte de tu pareja?	☐

Tú quieres exclusividad en la relación, pero él no. ¿Aceptaste su propuesta para no cortar la relación? ¿Te sientes bien con esto? ¿Te hace feliz?	☐
Ves a tus amigos, convives con tu familia, platicas con colegas. Intercambias puntos de vista sobre todos los temas. ¿Preferirías que esto no pasara, que únicamente tú y tu pareja tuvieran esta convivencia? ¿Por qué? ¿Te sentirías bien con esta dinámica?	☐
Quieres ir al teatro a ver esa obra que tanto te llama la atención. Le das «señales» a tu pareja para que se entere y te haga una «repentina» y linda invitación. ¿Qué pasaría si le dijeras abiertamente lo que quieres?	☐

Tienes tus propias dudas. Medítalas, no tienes por qué avergonzarte.

TIPOS DE PATÁN

Aunque no se lo merezcan, es importante saber qué hay detrás de la mente compleja de un patán. Intentaremos comprender qué pasa por su cabeza para identificarlos y no caer en sus redes. ¿Quiénes son esos patanes?, ¿qué hay detrás de su oscura personalidad? Existen tres tipos: el de personalidad conflictiva, el de personalidad abusiva y el perverso patán.

Si bien estos tres criterios pueden mezclarse y alguno de ellos sobresale en ciertos comportamientos, una adecuada descripción de estas características nos permitirá reconocer a los patanes, así como su grado de complejidad y peligrosidad, para tener la posibilidad de cuestionar la relación en curso o identificar la necesidad de huir de ella. No es los mismo que alguien no tenga buenos modales y sea algo «malcriada» a que sea un perverso-narcisista con sangre fría que busca cómo atrapar y aniquilar a su presa.

PERSONALIDADES CONFLICTIVAS

Existen personas que, sin ser «malévolas», son rígidas y su apertura al cambio es limitada. Se comportan de manera inadecuada, grosera, lastimosa o poco empática, porque sus rasgos de carácter les impiden tener otra respuestas a situaciones personales y sociales.

Las personalidades conflictivas tienden a ser activa o pasivamente agresivas, pero esto puede escalar. Es decir, son un poco exagerados con la situación: pueden ser particularmente explosivos y violentos, pero la tensión que crean en torno a ellos generalmente está fuera de proporción en relación con lo que está realmente sucediendo.

El estrés aumenta cuando culpan a los demás, particularmente a su pareja, de lo que les está ocurriendo. Su escasa flexibilidad los lleva a repetir conductas o patrones inadecuados una y otra vez. Aunque se muestren abiertos al cambio, no llegan a modificar su comportamiento realmente.

Un patán con una personalidad conflictiva es bastante predecible, mucho más que la persona promedio; esto facilita anticipar que algo detonará su malestar y permite esquivarlos en situaciones en las que van a reaccionar mal. «¿Pero qué necesidad, para qué tanto problema?», diría Juan Gabriel. ¿Qué necesidad de involucrarnos con ellos si anticipamos una vida compleja y llena de infelicidad?

Todos tenemos algún estilo de carácter, lo he dicho anteriormente, y hasta los más «sanos» nos ubicamos en rangos de bastante neurosis. Aun así, nuestras reacciones se distinguen marcadamente de quienes padecen trastornos de personalidad.

SEÑALES DE ALERTA

1. Comportamientos rígidos: repiten una y otra vez patrones de conducta mucho más que la gente promedio. Estos patrones son muy limitados y generalmente no se adaptan a las diversas situaciones que se presentan en la vida (¿Cambiará el plan de diversión y él nunca está de acuerdo? ¿Si se ajusta en algunas ocasiones a tus gustos, ¿eso genera un conflicto?). Por lo tanto, son más predecibles que la mayoría de la gente, pues se muestran poco flexibles ante las demandas del momento y de los diferentes contextos.

2. Son personas problemáticas. Tienden a ser agresivas y provocan que escalen los conflictos desproporcionadamente. Pueden ser o no violentas, pero sí se muestran hostiles en situaciones de estrés.

3. Culpan a los demás por sus errores —o por los diversos desafíos que las circunstancias sociales, económicas, emocionales presentan— sin reflexionar, menos aun asumir, su propia responsabilidad.

4. Les cuesta integrar los matices de las cosas. Es «todo» o «nada»: las personas son buenas o malas, las conductas son correctas o incorrectas, incluso

el arte es bello o feo. Son muy limitados para ver los matices de la vida. Nosotros sabemos que no todo es blanco o negro, que en medio tenemos una enorme gama de grises.

5. Tienen dificultad para manejar sus emociones. Ante cualquier suceso les cuesta controlar su reacción emocional: se salen de control, se estresan desproporcionadamente, lloran, critican, reclaman, gritan, manotean, juzgan, se alteran.

6. Tienen reacciones que no corresponden a lo que se está presentando y que el promedio de la gente no haría. Tienen una serie de respuestas desproporcionadas, razón por la cual tardan en recuperar un equilibrio básico y después pueden incluso olvidar o minimizar el incidente como algo sin mayor importancia.

7. Tienden a criticar a los demás sin fundamentos. Algo los irrita o perturba o amenaza del otro y hacen juicios de valor desde sus malestares y prejuicios. Sus juicios los vuelven personas intolerantes en cuanto a quién tratar y cómo tratarlo.

8. Desconocen lo inadecuado de sus conductas y por lo mismo carecen de empatía hacia los demás, pues invisibilizan los efectos de sus actos sobre las personas que los rodean.

9. Exploran pocas cosas nuevas y evitan situaciones de cambio que los saquen de sus parámetros de lo correcto, lo justo, lo bueno, lo adecuado, pero en el fondo se encuentra una fuerte ansiedad, lo que les impide innovar.

Insisto: las personalidades conflictivas repiten sus patrones o acciones. Por si esto fuera poco, algunos patanes prefieren sobrellevar esa dureza con la que ven la vida con sustancias tóxicas y adictivas...

Las siguientes clasificaciones son rasgos de personalidad que pueden mostrar los patanes:

- **EL PARANOICO (EN TÉRMINOS MÁS SERIOS, PERSONALIDAD PARANOIDE).** Vacían en los demás sus conflictos existenciales. Por lo general son fríos y distantes en sus relaciones. Tienden a encontrar intenciones hostiles y malévolas detrás de los actos inocentes y positivos. A menudo, las suspicacias provocan conductas agresivas o rechazo hacia los demás. Intentan acciones legales contra otros, especialmente si se sienten indignados. Son incapaces de ver su participación en un conflicto.

- **LOS ESQUIZOFRÉNICOS (PERSONALIDAD ESQUIZOIDE).** Son introvertidos y solitarios. También son fríos y socialmente distantes. A menudo están absortos en sus propios pensamientos; son temerosos de la aproximación e intimidad con otros. Hablan poco, son dados a soñar despiertos y prefieren la especulación teórica a la acción práctica. La fantasía es un modo frecuente de enfrentarse a la realidad. No se vinculan y por eso son indiferentes muchas veces a los deseos y necesidades de los demás; es decir, son un poco egoístas.

- **LOS ACTORES DE CINE (PERSONALIDAD HISTRIÓNICA).** Buscan llamar la atención y se comportan como si estuvieran actuando. Sus formas de expresarse tienen como resultado establecer relaciones con facilidad, pero de un modo superficial. Las emociones a menudo aparecen exageradas, actuadas, infantilizadas para buscar atención, con frecuencia atención erótica. Son proclives a comportamientos sexualmente provocativos o a sexualizar todas sus relaciones. Sus actitudes seductoras a menudo encubren su deseo de protección. Muchos son hipocondriacos y exageran sus problemas para conseguir atención.

- **DEL *GYM* Y EL ARMARIO NUNCA SALEN (PERSONALIDAD NARCISISTA).** Tienen un sentido de superioridad y una creencia exagerada de su gran valía; pueden ser extremadamente sensibles al fracaso y a la crítica, así que, cuando se les dice que cometieron un error, pueden ponerse rabiosos o deprimidos. Esperan ser admirados y piensan que todos los envidian. Creen que sus necesidades deben ser satisfechas de inmediato y por ello explotan a otros, cuyas necesidades son consideradas menos importantes. Se egocéntricos, arrogantes o mezquinos.

- **EL EXPERTO EN LA EVASIÓN (PERSONALIDAD LÍMITE).** Se muestran inestables en la percepción de su imagen, su humor, su comportamiento y en sus relaciones interpersonales, las cuales son conflictivas, tormentosas e intensas. Frecuentemente necesitan ayuda por su depresión, el abuso de sustancias, desórdenes alimentarios y el maltrato recibido. Tienden a mostrar una ira inapropiada e intensa. Pueden devenir desesperadamente impulsivos, implicándose en promiscuidad o en abuso de sustancias tóxicas. La personalidad limítrofe no se caracteriza por la evasión, sino por la intensidad y oscilación entre dependencia y rechazo hacia la pareja. Son súper intensos y volubles.

- **¡VE HASTA EL DOBLEZ MÁS PEQUEÑO DE TU BLU-SA! (PERSONALIDAD OBSESIVA).** Son personas que ven la vida en términos de lo bueno y lo malo, de lo correcto e incorrecto. Se exigen demasiado a sí mismos y por lo mismo son hiperexigentes con los demás, por lo cual es muy difícil complacerlos y cumplir sus estándares. Se irritan con facilidad; si las cosas no cumplen con sus expectativas, se impacientan e incluso se descontrolan.

- **SE ADELANTA AL FRACASO (PERSONALIDAD *EVI-TADORA*).** Son hipersensibles al rechazo y temen comenzar relaciones por la posibilidad de no ser correspondidos. Tienen un fuerte deseo de recibir afecto y de ser aceptados. Sufren por su aislamiento y falta de habilidad para relacionarse cómodamente con los otros. Ante el rechazo, se presentan tímidos y retraídos. Esta personalidad es similar a la fobia social.

Todos los seres humanos, de una u otra manera, podemos presentar algunos rasgos semejantes. Todos tenemos rasgos de carácter que apuntan a algún estilo neurótico con rasgos similares a los de los trastornos de personalidad. Nuestro carácter nos lleva a comportarnos de una manera similar a lo largo de la vida, pero, a diferencia de los trastornos, dichos rasgos aceptan un grado suficiente de autoconciencia y un margen más flexible de acción.

La diferencia entre una estructura de carácter y desarrollar un trastorno de la personalidad es —como lo expliqué en páginas anteriores— la rigidez con que la persona responde a las circunstancias que la vida le presenta y a su incapacidad de adaptarse a las necesidades y demandas ajenas.

Para que una persona con un trastorno pueda tener una vida aceptable para sí misma y de buena convivencia con los demás, ha de reconocer su condición y la responsabilidad de tratarse terapéutica, clínica y médicamente. Muchos de estos casos, además de tener algún antecedente genético y quizás (no necesariamente) una crianza deficiente, incluyen alguna disfunción eréctil que predispone a la intolerancia, al impulso y a la precipitación.

Sé cuidadosa en no convertirte en psicóloga y psiquiatra ambulante etiquetando permanentemente toda conducta que salga de lo «normal», pero no dejes de escuchar esas «alertas internas» que te permitirán reconocer cuando algo anda verdaderamente mal y el posible hombre en puerta es o está en vías de mostrarse como un patán. No juzgues de manera ruda a quienes padecen un trastorno de tipo psiquiátrico, menos aun los discrimines en términos de sentirte con superioridad moral. Las situaciones de este tipo conllevan mucho sufrimiento, además de que no todas tienen el mismo grado de severidad, pero sólo bien tratadas y sin traslaparse con otros rasgos que describiremos más adelante son posibles de cambiar.

PERSONALIDADES ABUSIVAS

Las personas abusivas siempre quieren estar en un lugar de poder y mantener el control. A todos, en mayor o menor medida, nos gusta el poder y, si lo ejercemos bien, tenemos más influencia en diversos ámbitos de la vida, y aunque no todos los hombres quieren tener el poder, en los patanes es clarísima su necesidad de posesión y control. Existen patanes abusivos debido al poder que les otorga sus privilegios de género; por eso, despliegan conductas sexistas, misóginas, machistas y abusivas: violentas, todas, en distintos grados.

Entender el abuso del poder nos librará de muchas batallas en las que, definitivamente, no debemos perder tiempo. Aunque se trabaja incansablemente en el tema de la equidad entre hombres y mujeres, sigue siendo fácil invisibilizar las diferencias de género que existen. Las mujeres seguimos estando en desventaja por una serie de creencias, sentimientos, conductas y omisiones, sin mencionar los comportamientos abusivos por parte de los hombres.

El poder existe en todas las relaciones, siempre tenemos más o menos privilegios, ya sea por estatus económico, género, educación, raza, religión, edad, preferencia sexual, discapacidad, entre otras. Forman parte de la vida. No podemos huir de ellas ni podemos decir que son malas. Aquí el truco es no ser abusados ni aplastados.

El poder no es en sí mismo malo. Lo importante es que cada día las desigualdades (sociales, económicas, de género) sean menores, para que todos podamos tener agencia personal haciendo uso adecuado de nuestro poder.

El poder genera privilegios. Cuando decimos que alguien posee privilegios estamos asegurando que este tiene cierta ventaja sobre otros; por ejemplo, el que no paga impuestos, el que llega tarde a la oficina, aquel que goza de mayores ventajas en la oficina que nosotros. Si te fijas bien, los privilegios no son claros ni perceptibles para las personas que los gozan, pues piensan que es «normal», pero de igual forma algunas personas asumen con naturalidad las desventajas y carencias.

Pero ¿qué tiene que ver este tema del poder con los patanes?

Ellos disfrutan de esa sensación de superioridad; se dan el «derecho» a sí mismos de someter, controlar y maltratar a otros, a nivel económico, verbal, físico, institucional o sexual. El patriarcado y el machismo pueden ser el origen de muchos comportamientos patanescos que derivan en el abuso e incluso en la violencia.

Es importante saber que, en una sociedad «dominada» por el hombre, todos somos en cierto grado machistas, no sólo ellos, y lo ejercemos con mayor o menor intensidad en las relaciones en las que ostentamos más poder. De ahí surge la importancia de siempre asumir que quien tiene más control tiene siempre más responsabilidad.

A partir de estas premisas, el machismo genera definiciones acerca de lo que significa ser hombre y ser mujer, y, como en todas las relaciones de poder, crea roles rígidos y personajes que los representan.

Los papeles parecen «naturales», ya que surgen de «la esencia misma» de hombres y mujeres, que más que existir desde la biología, se ha construido históricamente con el correr del tiempo. Aquí es donde la patanería despliega los personajes que se posicionan en forma dominante, superior y de desprecio. Alardeando muchas veces de ser «conquistadores» y «caballeros», buscan asumir un rol que les dé mayor margen de acción para sí mismos y menor poder de decisión para sus parejas. Los valores y patrones de conducta que se originan de estas premisas afectan las relaciones de pareja: el amor, la afectividad y el sexo.

¿Por qué los varones se retan a ver quién es «más hombre»? ¿Por qué es tan malo para un hombre ser comparado con una mujer? ¡A veces hasta lo usan de insulto! Parece que los hombres no se hacen hombres con la misma naturalidad que las mujeres se construyen mujeres. ¿Cuál es ese «extra» que hace al varón ser un «hombre de verdad»? Eso que «les falta» es justo la esencia del machismo: un ideal masculino que domina a las mujeres, la competencia entre los hombres, la exhibición de agresividad, la búsqueda frenética de conquistas sexuales y la imperiosa necesidad de exhibir sus rasgos «viriles» —valor, indiferencia al dolor, etcétera— junto con un desprecio más o menos abierto hacia los valores considerados femeninos.

Las mujeres que viven a su sombra piensan que es un problema personal de sus parejas, colegas o jefes. Lo justifican diciendo: «es un poco brusco, es muy exigente o tiene carácter fuerte —y agregan—, es que tuvo un papá distante», «su mamá fue muy dura con él», «así son los hombres».

Considerar el machismo como la consecuencia de algo natural, lo hace invisible ante nosotras; nada más peligroso en nuestro entorno. Casualmente son muchos los hombres que presentan ese «carácter fuerte»: individuos impacientes y malhumorados que se muestran exigentes y controladores. No le damos importancia al hecho de que un hombre se la pase gritando e insultando a su esposa, a sus hijos o a sus empleados: «tiene muchas presiones, pero no es una mala persona», escuchamos decir a personas, incluyendo a su pareja, para justificarlo.

Muchas mujeres con cuadros de depresión y frustración se culpan de sus síntomas: llegan a creer que el mal humor y la crítica constante de sus compañeros se debe a sus «deficiencias femeninas». Rebasadas por las tareas domésticas y frustradas por no realizar sus propios proyectos, concluyen que fracasan por su falta de inteligencia, motivación o disciplina. Acuden a terapia, toman cursos, incluso se hacen cirugía para sentirse mejor, pero la base del problema radica en que se encuentran atrapadas en una relación de desigualdad.

Muchos varones desconocen el problema y se preguntan por qué las mujeres no ven las cosas como ellos. En su confusión piensan: «nadie entiende a las mujeres». Incluso afirman con falsa ingenuidad: «yo no soy machista, qué bueno que las mujeres trabajen y estudien; yo a "mi mujer" la dejo hacer lo que quiera... bueno, mientras no me falte al respeto o descuide la casa».

Este patán «micromacho» —bastante común, por cierto— opera con acciones «pequeñas» que tienen consecuencias grandes. Puedes ver estas sutiles estrategias de poder particularmente en la comunicación: ¿quién habla más en una reunión o al interior de la familia?, ¿quién centraliza la conversación en su persona realzando sus experiencias y «sus hazañas»?, ¿quién puede interrumpir a quién?, ¿quién se da el lujo de decir: «hoy no quiero hablar de eso»?

En este contexto, en las conversaciones entre el hombre y la mujer prevalecen los temas que le interesan a él y no a su pareja.

Además, ellos en general hablan más que nosotras, más fuerte y se dirigen más a sus congéneres. Las conversaciones tienden a ser de ellos para ellos; nosotras, por tradición, somos el público entusiasta que ríe, apoya, se asegura de que nada falte en la mesa y se encarga de cualquier asunto doméstico que pueda interferir. Nos consideran un accesorio facilitador, aparentemente partícipe en la conversación; cuando nuestro papel está relegado a que la conversación siga adelante entre sus verdaderos protagonistas: los patanes. Por eso, muchas reuniones en los países machistas se acaban dividiendo en dos grupos según el sexo.

No podemos dejar de mencionar otra manifestación encubierta del patán micromachista: el temor que inspiran muchos hombres cuando se enojan al mostrar que están literalmente fuera de sí. Y es que el que no se controla, gana: ante un loco o un furioso condescendemos e intentamos aplacarlo, pues sabemos que es capaz de cualquier cosa. ¡Se puede intimidar sin recurrir a la violencia!

Si te obliga al silencio también es una muestra de poder. El patán que no habla ni explica te obliga a adivinar su pensamiento y a hacerte cargo de lo que él no está diciendo. Adquieres entonces el trabajo de la comunicación y de la carga emocional. No digamos cuando el silencio sirve como una manera de castigarte, como si la comunicación fuera un favor o una recompensa según su conducta.

Hay un sinfín de ejemplos que podríamos seguir citando: el poder de callar al otro, la espera en la antesala, la infantilización de la mujer al sobreprotegerla y pedirle que se reporte constantemente, la devaluación de lo doméstico, entre otras. Sobra decir que muchos hombres afirman no ser machos, menos aun patanes, ya que participan más en el trabajo de la casa en comparación con otros hombres —amigos o familiares—, pero no en relación a lo que llevan a cabo sus propias parejas.

Muchos patanes dicen: «quiero ser diferente a mi padre», pero poco a poco se topan con que las buenas intenciones no bastan. Otros, por el contrario, afectados por las patanerías de sus propios padres, replican cuadros de violencia con sus parejas.

Dinámicas violentas
que van más allá de la patanería

La violencia es uno de los temas centrales a tratar en las relaciones de pareja. Es fundamental para quien la ha sufrido o ha experimentado sus consecuencias que la comprenda y analice. Es básicamente un comportamiento de control utilizado para dominar a la pareja. Esta implica cualquier palabra, acto u omisión cuyo objetivo sea someterte o lastimarte. La violencia (desde la más discreta hasta la más evidente) puede valerse de todo y puede llegar hasta a limitar tu libertad.

Para nuestro infortunio, amigas, la mayor parte de las víctimas de la violencia en las relaciones de pareja somos nosotras, las mujeres, y la mayor parte de los perpetradores son hombres. Estamos en un riesgo significativamente más alto por muchas razones: la inequidad económica, las creencias sobre la superioridad masculina, la falta de oportunidades educativas para muchas mujeres, entre otras. Si bien cualquier patanería es de algún modo una agresión, esta se diferencia de la violencia en que esta última implica la intención de controlar y someter a alguien.

Francisca es una contadora de 33 años que trabaja en una empresa textil desde hace siete años. Conoció a Rafael —quien hoy es su marido— en un templo cristiano. Al inicio de sus encuentros, ella se sintió satisfecha de compartir con Rafael las visitas al templo, lo cual le hizo pensar que tenían en común muchos valores de vida. Sin embargo, desde que inició su noviazgo aparecieron muestras de violencia que ella confundía con un interés por cuidarla. «No te pongas esa ropa porque es muy llamativa», le decía. «Cuidado con Jaime», le insistía cuando platicaba con él a la salida de las celebraciones dominicales, «aunque venga al templo, no me parece alguien de fiar. Será mejor que no te relaciones con él». Rafael, siendo apenas novio de Francisca, ayudó a sus padres con un préstamo que requerían para liberar una propiedad hipotecada. Por eso, ella se sentía aun más agradecida con él.

Justo a los dos meses de casados, Francisca recuerda la primera explosión de Rafael. Estaban discutiendo acaloradamente en el automóvil, antes de salir a una comida con la familia de ella, cuando Francisca tomó las llaves de coche porque no quería que Rafael manejara enojado: acostumbraba subir la velocidad, insultar a los otros conductores y dar frenazos y volantazos que la asustaban. Rafael se bajó diciendo groserías y dando un portazo, vociferando que no iría a la comida. Ella, atemorizada, se encerró en el auto. Él la amenazó: «o me das las llaves o rompo una ventana», y comenzó a patear el coche, insistiendo en que ella lo obedeciera. Ante la negativa de Francisca, Rafael, usando una piedra de la banqueta, rompió la ventana y le arrebató las llaves del auto. Francisca se petrificó y nunca más se atrevió a llevarle la contraria. A partir de entonces, las amenazas, las intimidaciones y los sarcasmos se hicieron cada vez más severos. Francisca afirma que el temor a que Rafael hiciera mayores exabruptos la llevó a tolerar esa situación.

Hoy ella recibe apoyo de un grupo de mujeres violentadas y, tras un periodo de separación, Rafael aceptó asistir a un grupo y al psiquiatra, con quien trabaja su impulsividad y deseo de control. Francisca no ha querido tener hijos, pues esperará un tiempo para ver si Rafael realmente sostiene el cambio y si el amor que tenía por su esposo —bastante mermado hoy— vuelve a florecer. Aunque los arranques de ira han parado, de pronto Rafael usa la violencia verbal y emocional, por eso Francisca no se siente convencida de continuar con la relación.

Las personas violentas, en especial los hombres, usan una combinación de las siguientes tácticas para tener el dominio, poder y control sobre la otra persona:

- **AISLAMIENTO.** Tiene control sobre lo que haces, a quién ves y quién te habla, lo que lees, a dónde vas; limita tu participación con el mundo, con los amigos, conocidos, etcétera; utiliza los celos para justificar sus acciones; retiene tus documentos importantes.

- **AUTORIZACIÓN Y PRIVILEGIO.** Te trata como esclava, toma en tu lugar todas las decisiones importantes, crea las reglas de convivencia, es quien define los papeles que le tocan a la mujer y al hombre.

- **ABUSO ECONÓMICO.** Evita que obtengas y mantengas un trabajo, te exige dinero, no deja que conozcas o tengas acceso a la información del ingreso familiar.

- **ABUSO EMOCIONAL.** Te insulta, te hace sentir que estás loca, te manipula, te culpa, te desprecia. Se burla de ti, te minimiza.

- **MENOSPRECIO, NEGACIÓN, CULPA.** Da poca importancia al abuso y la violencia que ejerce; no toma en serio tus preocupaciones al respecto; asegura que el abuso nunca sucedió o que es tu responsabilidad, pues tú lo causaste... No sólo eso: el agresor reclama que él es la víctima «verdadera» y su mejor excusa es decir que tú lo provocas constantemente.

- **INTIMIDACIÓN.** Te atemoriza a través de miradas, actitudes, gestos; te muestra armas o destruye cosas personales a las que les tienes afecto y hasta propiedades.

- **COERCIÓN Y AMENAZAS.** Asegura que puede hacerte daño, abandonarte, matarte; amenaza con suicidarse, y cosas similares.

- **VIOLENCIA FÍSICA.** Te ha empujado, pateado, escupido, mordido, jaloneado, pellizcado, pegado, cacheteado, cortado, apuñalado; ha llegado a ahorcarte, etcétera.

- **VIOLENCIA SEXUAL.** Te toca a pesar de que tú no quieras, tiene contacto sexual por la fuerza, te ha violado, te acusa de infidelidad, te humilla y te hace creer que tu cuerpo es un objeto, te restringe el acceso a la salud reproductiva, te amenaza con tener sexo con otra persona si tú no estás dispuesta a satisfacer sus deseos.

¿Has vivido alguna de esas situaciones? ¿Has tenido una amiga con relación violenta? Es muy triste decirlo, pero estoy segura de que reconocemos algunos o varios de esos actos.

Muchas de las acciones de los abusivos se parecen a las de los conflictivos. Sin embargo, lo que los distingue es que no tienen un trastorno mental y pueden controlar sus conductas lastimosas con personas con un rango superior a ellos (jefes, amigos, socios, etcétera). No podemos negar que hay personas en las que se unen el trastorno y el abuso, pero el tema que pesa más es su capacidad de contener el enojo y la impulsividad cuando esto podría poner en riesgo algún beneficio personal. Quien discrimina y abusa de otra persona confirma su lugar de privilegio y poder como si fuera «normal» hacerlo, mientras que la persona abusada (¡no vayas a ser tú!) confirma su lugar de «inferioridad», de «diferente» o «anormal».

Reconocemos que a 50 años de la segunda ola del movimiento feminista se han abierto puertas que facilitan el posicionamiento de nosotras las mujeres en los espacios sociales, económicos, políticos y culturales; sin embargo, las diferencias de poder en las relaciones personales, de pareja, particularmente entre hombres y mujeres, abren la puerta a las conductas patanas y dejan huellas en las vidas de todos los seres humanos.

EL PERVERSO PATÁN

La violencia, tal y como la hemos descrito, puede llegar a tener efectos irreversibles para quien la vive. Sin embargo, no todos los agresores son iguales; por ello, hay que distinguir al perverso del tirano, en tanto que el primero es más impredecible, ambiguo y confuso que el segundo. La tiranía implica una conquista abierta de poder: el tirano obtiene el poder por la fuerza, el sometimiento es una obligación y la opresión es evidente. El tirano no se esconde, no está encubierto.

Por el contrario, el perverso niega la dominación y hasta llega a disimularla con destellos de bondad y ternura. Si te has cruzado con un patán perverso, probablemente te sentiste confundida entre sus actitudes dominantes, agresivas y a la vez tiernas, corteses y «protectoras». Si le haces un señalamiento directo de sus ataques, lo negará y hasta te descalificará. La dominación de un perverso se da de manera solapada, a través de una violencia sutil, pero sostenida e insidiosa, que llega a desarmar física, mental y socialmente a su pareja. Es decir, te va quitando elementos para defenderte de forma muy silenciosa, progresiva y encubierta.

He insistido en que son muchos los factores que se suman para «dar a luz a un patán»; a veces estos factores se mezclan o se sobreponen. Este tipo posee una personalidad que da más cuenta de una maldad astuta y engañosa que de una enfermedad mental. Estas son más susceptibles a padecer un trastorno de personalidad que de una malevolencia estratégica.

Una mezcla de componentes narcisistas y antisociales —a veces bien disimulada por su carácter altamente seductor— es la base de la conducta depredadora y de la manipulación del patán perverso. Estos dos comportamientos hacen que este tipo de hombre esté imposibilitado para unirse amorosamente con una pareja.

Pero, ojo, amigas: la perversidad no es consecuencia de un trastorno mental, sino que **implica una fría racionalidad con la que elige a su compañera y se da a la tarea de conocerla y conquistarla.** El patán perverso calcula perfectamente la estrategia para dominarla y luego poseerla. Estos depredadores se caracterizan por la imposibilidad de ver al otro como un ser humano con necesidades y derechos propios. Es decir, cuando el patán perverso llega a ti, este te ha estudiado y ha calculado casi todas tus actitudes. ¡Qué miedo!

Marie France Hirigoyen, en su libro *El acoso moral,* define a estos personajes como aquellas personas que, bajo la influencia de su gran egocentrismo, se relacionan con amigos, parejas, etcétera, tras la técnica sutil de dañar su integridad para desarmarlos. En el caso de relaciones «amorosas», trabajan duro para que disminuyas tu amor propio, tu confianza en ti misma, tu autoestima y la creencia en tus propias competencias.

Además, intentan de alguna manera hacerte creer que el vínculo de dependencia que tienen es irreemplazable y que eres tú quien lo requiere y lo pide. Es decir, tú, la mujer, ya no te tienes ni a ti misma. Frente a tal desarme moral, ahora estás amenazada porque ¿cómo vas a dejar lo «único que tienes»?

Samuel, novio de Marina, la sedujo rápidamente. Comenzó la relación siendo un encanto con ella, considerándola de forma especial y tratándola como nunca ningún hombre lo había hecho: la escuchaba con atención, la sorprendía con detalles que coincidían con sus necesidades, incluía a sus amigos y familiares en planes. De hecho, a punta de atenciones y halagos terminó «echándose en la bolsa» a todo el círculo social de Marina. Sin embargo, comenzó a haber ciertas «desapariciones» de su parte que desconcertaron un poco a Marina. Él las atribuía a situaciones de trabajo que le impedían ponerse en contacto con ella. Cuando Marina cuestionaba esto, Samuel se mostraba en un inicio «dialogante», aunque ella descubría ambigüedades y contradicciones. La primera discusión surgió cuando Marina descubrió que se escribía con varias mujeres. Samuel lo negaba o argumentaba que eran situaciones que le ayudaban a potenciar sus resultados en el trabajo. Cuando esta explicación no tenía sentido para Marina, él afirmaba que otras eran amigas antiguas y que, cuando se aburría en el trabajo y no la localizaba a ella para conversar, las contactaba de manera inofensiva. Samuel, ante la insistencia de Marina, le volteó el argumento y le dijo que, si ella constestara con frecuencia, él no tendría necesidad de otras amistades, con lo cual la presionó a estar pendiente de sus mensajes y de tomarle todas las llamadas a tiempo. Además, Samuel le dijo que seguro ella pensaba así de él porque sus amistades masculinas y femeninas no eran adecuadas, así que le pidió que se reuniera con ellos sólo cuando fueran juntos. Marina, por no contrariarlo y evitar que él se relacionara con otras mujeres, accedió. Su control se fue extendiendo a otras áreas: el trabajo de Marina, sus *hobbies* personales y su familia. Buscaba sus debilidades, activaba sus miedos y recalcaba sus faltas para debilitarla. Sabía con quién aliarse para burlarse de ella y destruirla poco a poco emocionalmente. Con Joaco, el hermano de Marina, deportista de alto rendimiento, «bromeaba» sobre el gimnasio *chic* al que asistía Marina y sus maestros de «pedigree», por ejemplo. Cuando ella se lo hacía notar a solas, él se enojaba y le contestaba: «no aguantas ni valoras nada. Tu familia está agradecida de que estés conmigo». La tensión se fue haciendo constante para Marina, pues, si no aceptaba lo que él decía, Samuel se enojaba y le dejaba de hablar por días; a veces incluso desaparecía también. Esta estrategia llevaba a Marina a dudar de sus propias percepciones y a sentirse culpable de no valorar al hombre que tenía a su lado.

El perverso patán «todo lo sabe» y «siempre» tiene la razón. Con el discurso de ser casi «un dios», se convierte atractivo para sus víctimas, pero este espejismo es sólo una herramienta de seguridad personal. Haciendo uso de sus artes seductoras, te lleva a aceptar sus argumentos y te arrastra a sus terrenos para hacer contigo lo que quiera.

La persona que ha sido presa de un patán perverso por mucho tiempo llega a sufrir una agresión psíquica, es decir, un atentado a su integridad mental y emocional, de tal magnitud y con alteraciones tan duraderas que se le puede considerar una víctima.

Estos patanes son unos verdaderos artistas del daño, pues sus palabras son en apariencia inofensivas, pero su habilidad consiste en realizar insinuaciones disimuladas y comentarios que te confunden. Así, con esa sutileza (de la que, por cierto, muy poca gente a tu alrededor se percatará por lo «inofensivo» que parece), poco a poco va integrando su discurso a nuestra mente, a nuestra vida diaria, hasta llegar a desestabilizarnos y destruirnos.

Los efectos de estar expuestas a un patán son estados de estrés generalizado, confusión ante los mensajes recibidos y temor a las propias acciones, irritabilidad y depresión ante la imposibilidad de sentir que una está haciendo lo correcto, atención dispersa por el temor de irritar al patán, percepción alterada de las situaciones con tendencia a autoculparse del malestar del otro, miedo permanente de cometer un error y sensación de pérdida de seguridad personal y autovalía.

RASGOS DE PERSONALIDAD
QUE LOS CARACTERIZAN

- **DESCONEXIÓN AFECTIVA.** Son insensibles y no tienen afectos. Poseen una superficialidad afectiva y carecen de emociones profundas. Sus aparentes sentimientos surgen como chispazos y se dispersan rápidamente. Son incapaces de atravesar experiencias de tristeza, duelo, anhelo y depresión; por eso no sufren. Su fuerza radica en esto.

- **AUSENCIA DE EMPATÍA.** Como consecuencia de lo anterior, estos patanes son incapaces de comprender las emociones de los demás y de ponerse en su lugar, pero sí desean que las demás personas se interesen en ellos. No se conmueven ante el otro, pero pueden fingir hacerlo puesto que son excelentes observadores e imitadores de los estados emocionales de los otros.

- **CARECEN DE CULPA Y ARREPENTIMIENTO.** Racionalizan con cinismo su conducta o culpan a los demás de los efectos de sus acciones. En lugar de mostrar un poco de responsabilidad o «culpa», en ellos surge una especie de angustia intolerable que se convierte en violencia sobre la otra persona. Si muestran arrepentimiento, es fingido y jamás estará motivado por una comprensión real de lo sucedido.

- **SEDUCTOR NATURAL.** Es un seductor profesional. Posee cierto encanto social que lo hace brillar, generar admiración y controlar. No usurpa el poder por la fuerza, sino mediante la seducción. Se le puede describir como brillante y tratarlo como líder.

Una vez «pescado el pez», es decir, cuando eres su pareja, dejas de existir y te conviertes en una herramienta útil para sus propósitos; se alimenta de tu energía y de quienes caen en su encantamiento.

- **MANIPULADOR EXPERTO.** A través de la farsa y el engaño abusan de los otros para obtener beneficios materiales, psíquicos o gratificaciones personales. Al otro ni se le ve ni se le escucha; únicamente se le utiliza.

- **DESHONESTO.** A falta de escrúpulos, tiende a ver cualquier comportamiento como «éticamente aceptable». No es extraño que desafíe las reglas sociales para romperlas con gusto. Considera que quien cumple las normas es menos inteligente y que ellos pueden sortearlas para su propio gusto y beneficio. Por eso, este tipo de patán es dado a tener problemas con respetar las leyes.

- **IRRESPONSABLE.** Proyecta en otros sus errores y deposita en ellos la responsabilidad de sus faltas, conservando para sí una imagen de impecabilidad. Considera a los demás los causantes de sus dificultades y fracasos. Se defiende a sí mismo a través de la negación de la realidad. Si llega a separarse, se muestra como víctima abandonada. Esta actuación lo posiciona mejor para seducir a una nueva compañera que lo «consuele».

- **ENVIDIOSO.** Envidia a quienes están satisfechos en su vida o poseen algo que él no. La experiencia de «carecer» lleva al patán perverso a intentar apropiarse de la vida de su pareja o (si esto no es posible, que nunca lo es del todo) de destruirla.

- **SÓLO EXPERIMENTAN IRA.** Al ser incapaz de vivir emociones profundas, su respuesta en general es colérica. Las frustraciones y decepciones que no tolera, generan en él resentimiento, reacciones iracundas e incluso deseos de venganza. Las separaciones, por ejemplo, generan en estos patanes perversos una rabia destructora. Algunos exhiben un poco de tristeza, pero en el fondo se encuentra el enojo y un gran deseo de revancha. Transforman el dolor en ira.

- **EXPERTO EN LA DOMINACIÓN.** A la persona más cercana la convertirá en el objeto de la mayor violencia. Requiere dominar para retener, pero, al mismo tiempo, teme que el otro lo invada acercándose demasiado. Por lo tanto, crea relaciones de dependencia, incluso de propiedad, y genera en ti confusión e incertidumbre. No pueden prescindir de ti, aunque se muestren autónomos. En el fondo teme tanto la separación que provoca una especie de relación casi atada con cadenas y candados.

- **MEGALÓMANO.** Posee una grandiosidad que lo hace siempre sentirse injustamente tratado. Es absorbido por fantasías o ideas de éxito y poder ilimitado que lo lleva a requerir ser el centro de tu vida y a necesitar ser admirado. Es intolerante a la crítica mientras él se dedica a criticar su entorno. Ese egocentrismo lo hace estar ávido de aprobación, lo que lo lleva a ser sumamente arrogante.

Las fases de un patán para enamorar a su víctima

La seducción perversa

La fase seductora puede durar años; es gradual e indispensable para lograr que te dejes influir por el patán perverso. Durante esta fase, el patán fantasea, muestra otra realidad y se mueve secreta y sorpresivamente. Jamás ataca de manera frontal (si lo hace pierde la batalla); irá atacando poco a poco. Primero, él reconoce cuáles son tus deseos para hacer que lo admires. Busca en sentido literal «fascinar al otro», pero por una intención macabra o, por lo menos, no tan sensata: no es que realmente quiera seducirte; es por su narcisismo y requiere sentirse admirado. El patán se cuida de no ser descubierto para poder lograr sus fines. Esta seducción confunde a la pareja, borra los límites propios, desestabiliza, destruye la confianza personal. El objetivo final del perverso patán es romper tu seguridad y quitarte libertad.

La dominación

La seducción perversa y manipuladora te lleva a creer que eres libre, al tiempo que te va privando de tus habilidades para defenderte. Poco a poco, el patán comienza a apoderarse de ti en todos los sentidos: intelectual y moralmente. Esta perversidad logra que estés nublada y confundida, así como que no vivas con esa claridad que tenías antes de encontrarte con este hombre. Ya no te revelas ni te sientes capaz de detener el juego. Estás sometida, dependes del patán. Tu «consentimiento y aceptación» son producto de la seducción y manipulación.

La estrategia que utiliza el patán para debilitarte es hacer que dudes de ti para debilitar tus defensas. Él te descalifica para que pierdas la confianza en tus pensamientos poco a poco, hasta el grado de que estés todo el tiempo confundida y le des la razón.

Poco a poco, te irá intimidando y amenazando veladamente: todo comienza con una pequeña falta al respeto, después seguirán las mentiras y terminará logrando que estés completamente dominada. Una vez que estés debilitada, él «lavará tu cerebro» hasta que compartas su visión negativa del mundo: todos son malos y hasta tú lo eres. Él señala los errores de los demás, pero es incapaz de reconocer los propios.

Si te das cuenta, en este punto, el patán perverso ha logrado un gran trabajo —¡hecho con bisturí!— para que te quedes sin herramientas para actuar por ti misma. Estás atrapada y confundida. El patán te ha anestesiado. No te das cuenta del maquiavélico proceso.

Por el contrario, el tiempo y las maniobras perversas te llevan a seguir bajando la guardia y a perder cada vez más la posibilidad de oponerte: no puedes cuestionar, no puedes criticar, no puedes reaccionar. Careces de pensamiento propio y te conviertes en el espejo del patán, a quien lo único que le interesa es conservar el poder y continuar controlando.

Parece que hemos desentrañado las artimañas de un personaje de cine de acción hollywoodense, pero lamento decirte que estos patanes pululan en nuestras calles. El objetivo de sus complejas estrategias es que nunca te vayas de su lado.

Estamos hablando de una agresión sin fin: la hostilidad es constante, con pequeños destellos diarios, durante días, meses o años. La perversidad es aterradora: está comprobado que quienes se someten tantos años a esta situación pueden desarrollar trastornos de personalidad.

La violencia particular del patán perverso

El patán perverso sabe calcular su violencia: si tú reaccionas subiendo el tono, él te señala como agresiva o loca. Su violencia casi nunca es física, pero cuando reaccionas (naturalmente) a su sometimiento, él, ante la tensión del momento, sólo se expresará de manera fría y sin exasperarse. El más grande temor para este patán es que su pareja «escape de su control». Así, mientras mayor sea tu esfuerzo por alejarte o salvarte, mayor será la intensidad de su lucha; su maldad velada se convierte en hostilidad abierta, moral y física.

El siguiente paso en este círculo violento y de dominación es el terror. Cuando tú intentes salir de ahí, es probable que el patán comience a usar la violencia física y psicológica. Él hará uso de todas las herramientas posibles para que no te vayas de ahí.

No hay poder humano que modifique a un patán de este calibre, a veces sólo la ley puede limitar su violencia (ni siquiera cambiarla). No intentes invitarlo a terapia, lo cual podría llegar funcionar en caso de una personalidad conflictiva o de un macho violento con deseo genuino de cambiar (ojo: que sin ser fácil sí es más factible). Por eso es imprescindible que no te dejes impresionar ni tengas duda sobre las decisiones que debas tomar, entre ellas huir.

ESTRATEGIAS PERVERSAS DIFÍCILES DE DETECTAR

Es muy importante que entiendas y aprendas cuáles son esas actitudes y acciones que el patán lleva a cabo para dominarte. Estas son tan sutiles que resultan casi imposibles de detectarse.

- **RECHAZO DE LA COMUNICACIÓN DIRECTA.** Insinúa las cosas en lugar de tener conversaciones abiertas. Si le preguntas algo concreto, elude las respuestas. Niega los conflictos, por lo que no puedes defenderte: ¿cómo discutir ante lo que no existe? Su voz tiende a ser fría y poco afectiva. De esta manera busca sacarte de tus casillas y puedes reaccionar «histéricamente», es decir, con cambios de humor desconcertantes, emotividad exagerada, cierta teatralidad e incluso somatizaciones que te hacen parecer «inestable». Esto es efecto de que el perverso tiende a «cantinflear»; es decir, usa tecnicismos pero en el fondo no está diciendo nada, lo cual te hace confundirte y «enloquecer».

- **MENTIRA VELADA.** Al inicio, las mentiras no son directas, sino verdades a medias, silencios e insinuaciones que generan malentendidos. La confusión permite que el patán siempre tenga la razón. Sólo miente directamente cuando está en la fase de destruirte.

- **ES CONTRADICTORIO.** Sus palabras dicen una cosa, pero su comunicación física dice otra. Pero, ¡cuidado! Si lo cuestionas, él negará que sea verdad; incluso te acusará de estar «loca»: «¿por qué de la nada te pones tan mal?».

- **SUS BROMAS SON OFENSIVAS.** El desprecio y la ofensa escondidos detrás de ironías y sarcasmos «inocentes», al tiempo que te ridiculizan y sobajan, logran que aceptes lo que él dice. Basándose en algún defecto personal o en alguna dificultad de la vida, el perverso patán te pone apodos hirientes, cuenta anécdotas lastimosas o ridiculiza tus valores o intereses.

- **DESCALIFICACIÓN PERMANENTE.** A manera de goteo que se intensifica con el tiempo, el perverso patán te desacredita, desvaloriza y corrige. De manera insidiosa, te priva de tus cualidades y te hace dudar de ti.

- **BARNIZA LOS CONFLICTOS.** Cuando niega que exista un problema, este no se puede ni abordar ni solucionar. Los patanes perversos no permiten una verdadera discusión, por lo que tampoco existirá una reparación de los daños que generan y menos aún una reconciliación. Su hostilidad es fría y despreocupada, de manera que logra que tú te sientas responsable y culpable de la situación.

- **ARMA ENREDOS Y TE DESARMA.** Con comentarios vagos, manipuladores y malévolos, busca que te enfrentes con otras personas, en especial con tu familia, que «caves» tu tumba relacional. Él al final queda invicto, confirma que tenía razón sobre sus juicios despreciativos sobre los demás y se asegura de conservar el lugar de refugio que necesitas.

- **IMPONE SU VERDAD.** Él todo lo sabe y siempre tiene la razón.

CUANDO LA ADICCIÓN DA VIDA O ADEREZA AL PATÁN

Muchos patanes —por personalidades conflictivas, por abuso de poder y violencia, o por perversión— además presentan problemas de adicción. Los adictos se sienten atraídos por experimentar estados alterados: excitación, saciedad y fantasía. La excitación causa sensaciones de intenso, crudo y desenfrenado poder y da sentimientos de ser intocable y todopoderoso. La excitación hace a los adictos creer que pueden alcanzar felicidad, seguridad y plenitud consumiendo. La excitación da al adicto el sentimiento de omnipotencia, mientras la droga, sutilmente, drena todo su poder. Los adictos a la excitación son inundados por el miedo: temen perder su poder y temen que otros descubran cuán frágiles son en verdad sin poder.

ALCOHOLISMO

En el mundo de las adicciones se tiende a buscar relaciones de dependencia o codependencia, lo cual acerca a los adictos a personas con niveles de necesidad emocional similar generando casi en automático una relación caótica. Consumir sustancias también pone en riesgo la integridad física, el desempeño intelectual y emocional de la persona que las usa, así como el de quien quiera compartir la vida con ella.

Si tú te sientes libre de este conflicto, es muy importante que estés atenta en las primeras salidas con posibles personas que te interesan o muestran interés en ti: en su manera de beber y en conductas —evidentes o sospechosas— que insinúen la posibilidad de que utilice drogas. La vida junto a un adicto puede ser un infierno. Si ya es preocupante que en nuestra sociedad se viva, crezca y celebre en torno al alcohol, convivir diariamente con una pareja con esa problemática es estar jugando siempre «a la ruleta rusa». No es un asunto de moral o de ser anticuados, para nada; el problema es que las sustancias muchas veces nos llevan a adquirir una personalidad adictiva que requiere de químicos para funcionar, la persona los necesita para sentirse «conectada» con los demás y viva. Eso que al principio puede ser divertido, después tiende a convertirse en una pesadilla de la que es difícil salir.

¿Cómo distinguir cuando el alcohol se convierte en un problema? Parecería que una masculinidad mal entendida invita a los varones a ser «más hombres» mediante el poder, el dinero y el alcohol. Esta bebida puede generar adicción; sin embargo, es delicado dictar un problema de alcoholismo sin con ello estigmatizar a la persona. Veamos los patrones más significativos para que los tengas presentes:

1. Patrón psicológico de uso. El adicto se intoxica tanto que genera una incapacidad de abandonar o reducir su uso a pesar de las complicaciones.
2. Desórdenes de conducta hasta el punto de interferir con la salud, la vida social, relaciones interpersonales y la capacidad de trabajo.
3. Duración mínima del trastorno de por lo menos tres meses.
4. Dependencia física evidenciada tanto por la tolerancia como por la abstinencia. Lo que popularmente llamamos «aguantar mucho» al beber muchas copas puede ser uno de los primeros indicios de riesgo.

5. Dependencia psicológica por la sensación que produce su uso. Si bien el cuerpo no nos pide la sustancia, la mente nos dice que nos «iría mejor» o lograríamos más cosas si tomáramos algo.

Por otro lado, el abuso del alcohol tiene un impacto negativo en la vida de pareja. Veamos las razones:

1. Es muy difícil conseguir que una persona deje de tomar, sobre todo si disfruta la bebida o le sirve como medio para alejarse.
2. El alcoholismo se ha considerado una «enfermedad» que escapa al control de quien la padece. Esto pronto se convirtió en una justificación para la inacción y la adaptación exagerada a esta situación, tanto por parte del alcohólico como de su familia.
3. Se ha creado el mito de que la bebida es un «hábito social» y que, para el funcionamiento normal del individuo en la sociedad, requiere de cierto grado de consumo de alcohol. Al abstemio se le considera una persona «triste, débil y descortés». Desde este punto de vista, una «verdadera cura» exige que se beba con mesura y regularidad.

El alcohol provoca poco a poco que el organismo se acostumbre a funcionar con él, hasta el punto de que el cuerpo crea una tolerancia a la bebida y, en su ausencia, aparece el síndrome de abstinencia. Este es el círculo vicioso donde se instala el alcohólico; cuando se presenta, resulta muy complicado de interrumpir. Al principio se busca el placer o el alivio que produce la sustancia, pero lo que está en juego es evitar algún sufrimiento.

TRES IDEAS PARA QUE RECONOZCAS CUANDO EL ALCOHOL ES UN PROBLEMA

- La persona «aguanta cada vez más»; es decir, cada vez bebe más cantidad sin que se noten, aparentemente, los efectos. Esto se debe, como ya lo he dicho, a que el organismo va creando tolerancia a esa droga.

- Si se reduce el consumo de bebidas alcohólicas, o se deja de beber bruscamente, hay molestias físicas y psíquicas: temblor, náuseas, ansiedad, irritabilidad, etcétera. Se trata de síntomas de abstinencia, que desaparecen al tomar una bebida con alcohol.

- En ocasiones, la persona se esfuerza por beber moderadamente o incluso intenta dejar de beber por sí misma, pero no lo consigue.

Si tu posible pareja tiene un problema con el alcohol:

- **No te «adaptes»** a los cambios que se están produciendo, aparentando que «todo va bien» o pensando que «ya se solucionará».

- **No pretendas proteger a tu pareja** encubriendo los problemas ni responsabilizándote de su bienestar.

- **Infórmate** sobre el alcoholismo.

- **De preferencia** sal corriendo y no inicies una relación.

LA DROGADICCIÓN

La drogadicción es una enfermedad muy particular, debido a que tarde o temprano se vuelve crónica, de larga duración y generalmente con recaídas. La drogadicción es el uso indebido de cualquier tipo de drogas con otros fines que no corresponden a su prescripción, si es que existe una. Causa problemas físicos, psicológicos, sociales y financieros. El consumo de drogas cambia el comportamiento y genera reacciones que incluyen un impulso irreprimible a tomarlas. Al hablar de dependencia, nos referimos al uso compulsivo de una sustancia.

Las drogas generan un estado de «bienestar inmediato» y de «necesidad continua» que deriva en que la persona adicta deje de participar en el mundo, abandone metas y planes, olvide su crecimiento personal y detenga su convicción de resolver constructivamente los problemas: usa el consumo como estrategia de «solución». El abuso de estas sustancias generalmente deteriora o destruye las relaciones íntimas: llega el punto en que muchas personas prefieren drogarse que convivir con su pareja.

Eladio conoció a Rosaura hace tres años, cuando terminaba la universidad. Juntos empezaron a fumar marihuana en forma recreativa. Les gustaba hacer el amor bajo el efecto de la sustancia y deliberar el futuro de su vida, de la sociedad, del mundo, en un estado alterado del conciencia. Ambos consideraban que el consumo moderado los hacía más creativos y más aptos para disfrutar la vida. Terminando de graduarse, se fueron a vivir juntos. Rosaura tomó el tiempo completo en la empresa donde hizo su servicio social como becaria, y Eladio decidió quedarse trabajando en el área del diseño como *freelance*. Rosaura redujo el consumo de cannabis, pues sus horarios y sus demandas laborales se veían mermadas por el mismo, mientras que Eladio, trabajando desde su casa sobre proyectos concretos, no sólo continuó el consumo, sino que lo aumentó. Al inicio, a Rosaura le llamó la atención la producción de Eladio: creativa, vasta, original y suficientemente bien pagada para compartir los gastos de la vida común, pero al poco tiempo su novio insistía de forma cada vez más repetitiva en que él quería crear un proyecto innovador propio porque las empresas que lo contrataban acotaban su creatividad. Así, sus ingresos empezaron a disminuir y el consumo a aumentar con el fin de «desarrollar su propio arte». Las salidas con amigos comenzaron a ser más esporádicas y en ellas Eladio se abstraía en su mundo personal. Por otro lado, sus suegros buscaban a Rosaura para preguntar por qué Eladio no les contestaba el teléfono. Ella no sólo no sabía qué responderles (¡pidiendo a Eladio que atendiera a las llamadas de sus padres!), sino que empezaba a desesperarse y a querer pedir ayuda de todo tipo, incluso a sus suegros. Encerrado en su mundo, Eladio no sólo no producía, sino que dejó de interesarse por la vida «real» para enfocarse en discursos ideológicos sobre el arte como transformación moral que no tenían ni pies ni cabeza. Rosaura, sola a cargo de lo económico y abandonada en lo emocional, intentaba controlar el consumo de Eladio, quien sólo se defendía con explicaciones desarticuladas, incluida la que afirmaba que Rosaura había traicionado los ideales y un estilo de vida que compartían. Ante la impotencia, Rosaura decidió pedir ayuda en un grupo de ALANON, para familiares de personas adictas, y valorar si quería seguir viviendo en esa precariedad emocional e inestabilidad económica.

El abuso de las drogas tiene un impacto en las personas que se relacionan con el adicto. Discutir los problemas y situaciones de la adicción puede generar conflictos de pareja, por ejemplo. Además, las reacciones violentas generadas por las drogas pueden llevar al usuario a cometer asaltos o, peor aún, asesinatos, por no decir una convivencia permanentemente conflictiva en sus relaciones cercanas: se altera fácilmente con la familia, amigos o pareja; surgen discusiones frecuentes, desinterés sexual; la comunicación se interrumpe; se pierde la confianza, y existe el alejamiento físico y emocional, entre otras cosas.

El alcohol y las drogas han existido siempre y seguirán existiendo, pero el consumo indiscriminado se ha manifestado con más fuerza en las últimas décadas, transformándose en un problema psicosocial que va en aumento. Es fácil que un adicto se comporte patanamente y confunda la intensidad de la sustancia con la intimidad de la relación.

No estoy asegurando que todo patán sea adicto, pero es común que pueda presentarse un cuadro simultaneo que exacerbe y agrave la situación que se está viviendo.

Antes de continuar, esta reflexión final

Difícilmente podremos saber con exactitud cómo es una persona al primer vistazo; tampoco sabremos a ciencia cierta cómo será su comportamiento en el futuro. Parte de la maravilla y complejidad de conocer hombres y mujeres es ese misterio, esa ambigüedad, lo impredecible... el gran juego de vida para conocernos y descubrirnos.

Sin embargo, sí es posible detectar ciertos detalles o distinguir atropellos que denoten personalidades que, lejos de ayudarnos a crecer y ser felices, seguro nos darán dolores de cabeza —¡por lo menos!—. Los puntos que te presento aquí pueden ser de utilidad para ti; pueden convertirse en una especie de guía que te señale algunas pistas de patanería. No son estas, claro está, todas las características de un patán. Reitero que en algún momento de la vida todos hemos presentado uno u otro punto de los que aquí menciono, sin que con ello pueda decirse que somos personas conflictivas, abusivas o enfermas.

La distinción consistiría en reconocer nuestra conducta lastimosa o abusiva, detenerla y reparar el daño de una u otra forma. Pero sobra decir que, más allá de errores que todos podamos cometer, el conflicto, el maltrato y la maldad sí existen, así que no te dejes llevar por palabras bonitas o por promesas mágicas: si notas que el sujeto en cuestión tiene alguna de las actitudes mencionadas, observa con detenimiento y piensa dos veces antes de sumergirte en un plan de vida con él, porque hay altas probabilidades de que te encuentres sentada frente a un patán. Una retirada a tiempo puede liberarte de una temporada en el infierno.

PARTE II

EXPLORACIÓN

CAPÍTULO 3

CUANDO UN PATÁN HA HECHO DE LAS SUYAS CONMIGO

El daño de un patán tiene efectos importantes, más aun cuando llevamos tiempo relacionándonos con él. Su trato —y mejor dicho ¡maltrato!— nos afecta en la manera en que nos vemos. Parece que vivimos en un cuarto de espejos distorsionados y la imagen de nosotras mismas se ve afectada. Afecta nuestra forma de pensar, nuestras relaciones sociales y familiares, y nuestro bienestar general. Es imposible estar expuesta permanentemente al abuso, maltrato o sometimiento sin que eso se deje sentir en nosotras.

Como mujeres, y me incluyo de una u otra forma hemos vivido algún tipo de hostigamiento, abuso, discriminación de género a lo largo de nuestra vida. Un alto porcentaje de mujeres (¿85%?) llega a terapia como efecto de alguna relación de abuso, puesto que muchas veces no sabe bien cómo descifrarla ni mucho menos de qué forma salir de ella. En primera instancia manifiestan una confusión en cuanto a lo que sienten: el enojo, el resentimiento o incluso una depresión es lo que las impulsa a pedir ayuda por un lado, pero por el otro, se sienten culpables de no haber podido entender a su «hombre» y ayudarlo a que pueda cambiar. Se sienten atemorizadas porque la relación ya no las satisface del todo, pero encuentran siempre razones para seguir «echándole» ganas —en tiempo, aguante, dinero y esfuerzo—, como si fuera sólo su responsabilidad que la cosa marche o que ellas «se curen» para no exagerar.

La confusión sobre qué de lo que viven es su responsabilidad y qué es efecto de una estrategia de violencia de diversa envergadura (lo que ocurre en la mayoría de los casos) es algo que se manifiesta tempranamente en la terapia. De hecho, casi ninguna mujer ve la sutileza de la inequidad de poder en términos de género, muchas veces económico, y en ocasiones de otros factores como raza o localidad, que las pone en una desventaja real. Así, el trabajo con estas mujeres consiste en validar su experiencia emocional y sus percepciones, además de evaluar el riesgo de lo que viven y la posibilidad de hacer algo (dependiendo de las características del hombre con quien se relacionan), así como activar sus recursos personales para mejorar su calidad de vida (dentro o fuera de la relación).

Reconocer y salir de esta experiencia de abuso y maltrato se hace particularmente complejo. Existen experiencias que nos predisponen a minimizar, negar o invisibilizar el abuso, el maltrato y la patanería. **Cuando hemos crecido en ambientes machistas, es más fácil normalizar el maltrato y pensar que las mujeres debemos aguantarlo.** No es extraño para muchas pensar que su existir adquiere sentido al cumplir el deseo de los demás, particularmente al atender las necesidades de «nuestro hombre». Una educación basada en ideas que dan privilegios a los hombres nos hace asumirnos veladamente como «personas de segunda» y aceptar el maltrato.

Si crecimos en ambientes donde existía autoritarismo, sometimiento y represión —en otras palabras, cuando nuestros padres se empeñaron en «meternos en cintura» por «nuestro propio bien» (a veces de manera más exagerada «por ser mujeres»)— nuestra voluntad se debilitó y se reprimieron nuestros sentimientos, nuestra creatividad y nuestra sensibilidad; en consecuencia, no desarrollamos la capacidad de poner límites o de rebelarnos. Este tipo de educación nos lleva a aceptar conductas sumisas y de manipulación como la del patán perverso. Señalemos cómo suelen manifiestarse estas contradicciones:

- Cuando el maltrato se mezcla con el amor: al tiempo que experimentamos cierto malestar por la forma en que nuestra pareja nos trata, nos confundimos al «reconocer» que también nos ha apoyado en necesidades puntales, nos ha dado cierta estabilidad y nos ha abierto algunas oportunidades.

- Cuando, como «princesas» de cuentos de hadas, hacemos del amor nuestro único proyecto de vida, relegamos otras áreas de desarrollo y pensamos que esa es nuestra única —o la principal— vocación.

- Cuando somos transparentes y personas de buena fe, dejamos fuera de nuestro margen de acción a la maldad; esto nos pone en un lugar de mayor ingenuidad ante los abusos y la perversión. No concebimos que el otro esté actuando mal, lo justificamos y «caemos redonditas» ante los encantos sicarios de un patán.

- Cuando hemos sido educadas bajo principios religiosos mal descifrados —como que el sacrificio, el dolor, el sufrimiento son parte de los designios divinos—, pensamos que la bondad consiste en tolerar, excusar y redimir al otro.

- Cuando pensamos que la violencia es sólo maltrato físico o sexual, dejamos de reconocer que la violencia es también maltrato verbal, emocional y económico, entre otros.

- Cuando estamos en manos de un patán perverso, sus estrategias maquiavélicas son difíciles de detectar.

Muchas son las circunstancias por las que aún gran cantidad de mujeres considera el maltrato como algo normal. Es importante saber que hay otras formas de vida más placenteras y que muchas ideas que nos llevan al sometimiento tienen que ver con prejuicios: «si me quedo sin esa pareja (maltratadora), ¿qué va a ser de mí?», «voy a perder mi estabilidad», y un largo etcétera. Afortunadamente vivimos en un momento en el que la mujer reconoce su derecho a decidir su rumbo, sola o acompañada; lo importante es elegir una vida sana, estimulante y satisfactoria. ¿Por qué no experimentarlo?, ¿por qué debemos negarnos al bienestar?

Adentrémonos, pues, en las consecuencias de vivir un trato patanesco para poder reconocer que lo que vivimos es abuso y maltrato, no un malestar creado por nuestra «exagerada e intensa mente femenina».

EFECTOS VISIBLES Y NO TANTO

Hagamos un recorrido sobre cómo se van integrando a nuestra cotidianidad los efectos de vivir junto a un patán. La acumulación de tensión y la exposición permanente al maltrato (y la patanería, claro) se van haciendo más explícitas, sostenidas e insidiosas, de forma que comienzan a deteriorar la integridad física y psíquica de quien convive con los patanes. Si bien existen situaciones de violencia abierta y brutal que son rápidamente evidentes y peligrosas —lo cual no significa que sean siempre fácilmente solucionables—, en la mayoría de los casos (sobre todo cuando se ha caído en las garras de un patán perverso), las primeras señales pueden tomarse como pequeños errores, actos aislados sin mayor significado que, con el tiempo y la repetición, van teniendo efectos corrosivos en las mujeres expuestas a ellos.

Se podría decir que una «no se muere» por recibir agresiones, pero estas sí debilitan nuestras defensas físicas, mentales y sociales, lo cual, a su vez, nos lleva a perder nuestra seguridad y valía, al deterioro o a la parálisis y sin duda, en algunos casos, sí nos puede llevar a la muerte (por suicidio, por enfermedad, por asesinato). En caso de no morir «por amor», vivir así, en estas condiciones, ¿es realmente vivir o, mejor dicho, llevar una «vida plena»?

ASÍ COMIENZA EL PROBLEMA

El avance del deterioro que una mujer vive en las garras de un patán no se da de un día para otro, sino de manera progresiva. Al principio, una agresión puede catalogarse como un acto aislado o un evento desafortunado, pero, con el tiempo, estar sostenidamente sometidas a este trato va aumentando diversas manifestaciones. Veamos cómo se crea esta situación:

- El estrés continuo. Siempre que iniciamos una relación, estamos ilusionadas, tenemos una actitud positiva y abierta; por eso las primeras señales de patanería —que pueden ir desde una falta de cortesía hasta una explosión violenta— tienden a excusarse o minimizarse: «¡sólo fue un exabrupto!», «apenas lo estoy conociendo», «no creo que haya querido decir eso», «en realidad es muy amable; ese fue un detalle menor», etcétera. Al transcurrir el tiempo y cuando estas señales se van haciendo más continuas, a veces de forma clara, a veces de forma velada, se genera una tensión permanente que nos mantiene en un estado de vigilancia continua que con frecuencia minimizamos o normalizamos. Algunos signos claros de esta situación son el nerviosismo constante, la irritabilidad sin explicación, el desgaste de la tolerancia a alguna situación que con anterioridad manejábamos bien... ahora, pasado el tiempo, hasta tenemos una especie de «consciencia extra» de qué decimos y qué hacemos para no perturbar a la pareja.

- **La confusión ante los intentos fallidos de resolver el conflicto.** El malestar continuo nos lleva a quejarnos, a pedir algunas explicaciones, a proponer situaciones de cambio. Es común que ante nuestras demandas el patán nos dé «atole con el dedo» o literalmente no haga caso, y no sólo eso, sino que, además, llegue a adoptar una postura de «defensa personal», dando explicaciones de por qué estamos fallando y de cómo él también se siente defraudado, no apoyado por nosotras.

Al entrar en esta dinámica que impide la validación del malestar, el maltrato y el abuso, viajamos entre el sentimiento de duda (preguntándonos si estamos exagerando la situación) y de culpa (dudamos si somos las verdaderas causantes del problema). No hay manera de sostener la propia verdad, menos aun de explicar y validar el malestar que sentimos. Nuestra confusión interna nos genera ansiedad, agotamiento y desgaste. No sólo estamos cansadas físicamente por la tristeza, ansiedad o descontrol; nuestros razonamientos están confundidos: no sabemos qué hacer, qué es normal, qué es positivo y qué es negativo. Dudamos si estamos en la línea de la cordura o locura, si lo que vemos o sentimos es real o no.

- **Sometimiento.** Ante la impotencia de generar un cambio en las percepciones y respuestas del patán, empezamos a tener un tipo de conducta «automática», que da cuenta de la renuncia a nuestro bienestar personal. Aunque podemos quejarnos de algunos abusos o maltratos, en la confusión nos aferramos a promesas hechas por nuestra pareja. Como hubo buenas experiencias pasadas que compartimos juntos (una especie de luna de miel) y como aún logramos identificar algunos aspectos positivos en él, además de algunas ventajas que nos ofrece la relación, llegamos a creer que el sometimiento que vivimos será momentáneo, que no estamos en riesgo, que la «crisis» que vivimos es temporal y que retornaremos a los «buenos tiempos».

Después, al continuar las conductas de abuso, comenzamos a resignarnos a la dominación, ya sea minimizándola o compensándola, tratando de actuar con la «mayor libertad posible», sobre todo cuando «el lobo no está»: salimos de compras, tomamos café con nuestras amigas o nos aplicamos en nuestro trabajo.

Las ideas de que «así es la vida», que «todos los hombres son iguales» y que «no hay mal que por bien no venga» son excusas para renunciar a una lucha agotadora. En este punto, muchas mujeres ya dependemos también de diversos apoyos materiales que nos atan económicamente al patán. Vamos perdiendo poco a poco la resistencia personal y con ella la posibilidad de oponernos.

· **Miedo.** El maltrato constante impide toda posibilidad de reclamo o crítica. Con el fin de evitar exponernos a más violencia, podemos mostrarnos indiferentes o incluso más amables y conciliadoras. En este punto, es frecuente perder el criterio propio e intentamos dar la razón al patán para no tener problemas y aminorar nuestro temor. Poco a poco disminuye nuestra capacidad de identificar y de responder al abuso, pues el miedo en nosotras genera una actitud de invalidez y derrota, lo que nos hace cada vez más vulnerables al control y al abuso. La sensación de tener una relación justa en la vida de pareja se va truncando: somos un accesorio del patán, un objeto que satisface sus necesidades, que una compañera de vida. El temor nos paraliza, nos impide poner límites y salir de la situación.

Todo esto, mujeres, nos lleva invariablemente a obedecer para reparar ese sentimiento de culpa que el patán nos ha inculcado y sostener la idea de que la relación puede mejorar después. En situaciones más extremas, obedecemos por temor a la revancha o al castigo. Pensamos más en como calmar a la pareja y no «provocarla», que en protegernos y salir de la situación que vivimos. La situación real de riesgo físico aumenta el miedo y la inacción.

SÍNTOMAS ANTE LA PATANERÍA

Las distintas manifestaciones y estrategias de los patanes tienen variados efectos a lo largo de la evolución del sometimiento del que hemos hablado, que van desde leves experiencias de falta de respeto y humillación hasta el debilitamiento total de nuestras fuerzas físicas y mentales. No todas respondemos igual a estos maltratos, pues el carácter de cada una marca distinciones. Aun así, la mayoría de quienes estamos en estas circunstancias presentamos uno o más de estos síntomas, que afectan diversas áreas de nuestra personalidad. Podemos clasificarlos de la siguiente forma:

- **EFECTOS PSÍQUICOS O MENTALES Y SENTIMENTALES.** El maltrato devasta nuestra autoestima. Vivimos con una sensación de incompetencia y falta de confianza en nosotras mismas. La confusión mental y el miedo nos llevan a experimentar un «amor» a la pareja y, al mismo tiempo, su rechazo; este desconcierto constante surge porque, por un lado, nos sentimos culpables (como hemos visto, esa culpa nos es impuesta) y, por otro, tenemos dudas de si estamos actuando de manera incorrecta o incluso descuidada con el ser amado. Por supuesto, la ansiedad y la depresión son otras consecuencias del abuso. La hipervigilancia (esas pequeñas o grandes acciones de revisar en dónde estás o con quién e, incluso, de comprobar si es verdad lo que estás diciendo) es también una constante: estar en un permanente estado de alerta ante el «acecho» y la amenaza. Imagina cómo sufre una persona que está vigilada al extremo, que no puede dejar de ver el celular ni disfrutar de un buen café con sus amigas, por ejemplo... De manera más sutil, pero no menos importante, la agresión psicológica se manifiesta en la falta de concentración en las tareas, sobre todo cuando el patán está cerca, y la experiencia de carecer de un espacio propio para pensar nos hace sentir acechadas todo el tiempo. Los efectos emocionales pueden ir desde la falta de ilusión, la pérdida de identidad (ya no sabemos ni cómo somos ni lo que anhelábamos ser, y la resignación es muy dolorosa), hasta la falta de sentido de la vida, es decir, ya nada nos importa, estamos como drogadas, dopadas de mente, espíritu y corazón. Incluso, el desánimo y la tristeza —insisto— pueden generar trastornos mentales más serios, como los pensamientos suicidas. El desequilibrio alcanzado también puede dar pie a crisis nerviosas que desde la idea invalidante de «esa mujer está loca» minimiza la magnitud de nuestro deterioro psíquico.

- **EFECTOS PSICOSOMÁTICOS** (que combinan cuerpo, mente y sentimientos). Las consecuencias a este nivel dañan nuestro corazón y nuestra mente. Aquí podríamos incluir muchos síntomas psicosomáticos, como la ansiedad y el miedo que se acompañan con falta de apetito, insomnio, alergias, colon irritable, migrañas, úlceras gástricas, enfermedades cardiovasculares o de la piel, entre otros. Muchas mujeres, ante tal daño, experimentan la fatiga crónica; otras adelgazan o pierden vigor físico. Los trastornos psicosomáticos no se derivan directamente de la agresión, sino que el cuerpo nos está hablando: nos dice que no hemos podido reaccionar a la violencia o al hecho de que, hagamos lo que hagamos, estamos equivocadas o somos culpables.

- **EFECTOS PSICOSOCIALES** o de tu relación con la sociedad y ese mundo más allá de tu pareja. Al tener arraigadas las creencias sociales de obediencia y sumisión al abusador, quedamos circunscritas a las relaciones, actividades y deseos de él. El maltrato genera que estemos marginadas en ciertas (o muchas) actividades sociales, recreativas y laborales que quisiéramos realizar. El abusador, mientras acota tu mundo, te excluye de muchas oportunidades de socializar, de avanzar en tu vida profesional, deportiva, social, etcétera, o sólo de participar, por gusto, en ciertas actividades. Las conductas abusivas pueden hacer que te aísles por «propia voluntad» de ciertas actividades sociales, de relaciones interfamiliares y hasta dentro de tu propia casa, pero en otras ocasiones, te aíslas por el miedo a cometer errores, a que se «armen panchos» y a ser castigada. Es también común que la sensación de desamparo, humillación y vergüenza para enfrentar a la gente te haga apartarte, por lo que desaparece el interés de convivir y de conocer lo que tu entorno te ofrece. Todo esto es consecuencia del estrés y el desgaste. En ocasiones, dado el daño y lo que tu vida social puede implicar para «tu» patán, empiezas a cometer errores en el trabajo que ponen en riesgo tu competencia profesional, a crear conflictos con amigos y familiares por defender a tu pareja o negar sus problemas, así como a tener conductas evitativas para no presentarte con personas con quienes antes te gustaba convivir, entre otras consecuencias. La tristeza y el «desánimo social» es tan grande que algunas mujeres buscan el alcohol, psicofármacos y otras drogas para tolerar el malestar.

- **EFECTOS FÍSICOS**. Nuestro cuerpo también siente y piensa. El maltrato puede, por supuesto, acelerar el envejecimiento y detonar enfermedades físicas, como propensión a la diabetes, al cáncer, y a infartos, entre otros males. Pero concretamente los efectos físicos se refieren a las alteraciones de la función o integridad de alguna parte del cuerpo, más aun si el maltrato físico se manifiesta en forma de hematomas, heridas abiertas, rasguños, fracturas y quemaduras, etc. En ocasiones, el patán llega literalmente a la tortura y, finalmente, al feminicidio: a matar a su pareja.

Y A LARGO PLAZO, ¿QUÉ PASA?

Al inicio de una relación, pese a esas conductas insidiosas y lastimosas del patán (que solemos justificar) y de los síntomas que en ti empiezan a aparecer, puedes pensar que todas esas «pequeñas» actitudes de maltrato que recibes de tu pareja serán compensadas por su amor y perseverancia, pues el amor y tu esfuerzo podrían cambiarlo. Esa idea en la práctica nunca funciona. **El que es patán con dificultad cambiará.** Tiene trazado su camino y sus estrategias contigo y con otras mujeres. Con el paso del tiempo, la táctica de abuso patanesco se intensifica y genera cuadros que se repiten en sus diversas situaciones.

¿Qué otros síntomas evidencian el hundimiento y deterioro emocional que paraliza a la persona víctima de un patán? Poco a poco se pierde la capacidad de resistencia, por lo que la posibilidad de ver con claridad y oponerse se agota. No hay razonamientos claros, no hay capacidad de reacción.

INDEFENSIÓN APRENDIDA

Estar sometidas a conductas abusivas genera un síndrome que se conoce como indefensión aprendida. Es desesperante observar a alguien preso de este tipo de reacción que luce más bien como una «no reacción», pues quien la padece parece permitir gustoso que se le maltrate. Esta indefensión consiste en la inhibición y falta de respuesta que muestra una persona ante situaciones aversivas y dolorosas. Si una mujer está bajo el maltrato físico o psicológico, pero ha tomado acciones sin resultado para detenerlo o evitarlo, va asumiendo, naturalmente, una actitud de rendición. La investigación sobre esta condición la inició el psicólogo estadounidense Martin Seligman en 1965, mientras estudiaba los comportamientos de perros maltratados que dejaban de oponer resistencia al abuso.

Hay una bella película que habla de este maltrato: se llama *Hagen y yo*. Es una hermosa cinta donde notamos un vínculo particular de una niña con su perro. Desafortunadamente, pierde a su perro en la ciudad y este recorre infinitos maltratos hasta que su pureza y carácter original se transforman completamente.

Quien cae en esta situación muestra una clara baja en su motivación, en su emocionalidad y en su capacidad cognitiva. La motivación se atrofia iniciando con un retraso en las respuestas voluntarias para detener la violencia hasta que, poco a poco, la resistencia cesa. Emocionalmente predomina un estado de ansiedad y depresión que al ser tan alto daña nuestra respuesta cognitiva (memoria, atención, distinción de situaciones, capacidad de análisis, percepción acorde a la realidad), deteriorando la capacidad de encontrar soluciones al problema que estamos viviendo. Esta afectación también llega a alterar el funcionamiento fisiológico, es decir, sus repuestas orgánicas a los estímulos exteriores, sus reflejos, sus impulsos, su capacidad de reacción física y de movimiento, por lo que la persona queda sumida de manera total en el síndrome y paralizada para salir del círculo en el que vive.

La indefensión se aprende de forma gradual, no se da de un día para otro. El abuso va carcomiendo las fuerzas de la persona hasta que doblega su voluntad.

EL TRAUMA

Hablamos de trauma psicológico cuando las experiencias dolorosas y angustiantes dejan algún tipo de secuela moral, emotiva, fisiológica o mental en la persona que lo sufre, impidiendo su normal funcionamiento en la vida o incluso alterando su personalidad, de manera que su devenir cambie totalmente. Estar expuesta a los abusos de un patán (desde tu papá hasta tu pareja) por tiempo prolongado puede dañar los mecanismos con los que nacemos para confrontar la vida y puede generar secuelas importantes aún terminada la relación con él: los *flashbacks* o recuerdos de momentos traumáticos nos pueden provocar un miedo que corresponde al pasado y no a la realidad que vivimos, ya sin él. Podemos experimentar reacciones de ira, culpa y tristeza incontrolable. Además, de manera tan, pero tan común, nos podemos sentir culpables (injustamente, claro está) por casi todo lo vivido aun cuando ya no estamos en la relación. Otros traumas o consecuencias de esa dolorosa experiencia que es convivir con un patán de altos rangos, las enumero a continuación. Toma en cuenta que se pueden presentar tanto al poco tiempo haber vivido con él como tras meses o años de convivencia.

- Destrozar relaciones románticas, familias, vínculos sociales.
- Cambiar los esquemas básicos y las creencias: «En mi vida hay un antes y un después; ya no soy la misma».
- Perder confianza en otras personas sin hacer distinciones.
- Sentirte descubicada en cuanto a tus prioridades, tus sueños, a lo que necesitas.
- Falta de autonomía.
- Sentimientos de inferioridad, falta de competencias, culpa.
- La identidad previa al trauma se altera; desconoces quién eres.
- Miedo a la independencia.

¿NO TE PARECE SUFICIENTE...?
AGUAS, CUANDO EL PATÁN ES UN PERVERSO...

En la primera parte de este libro te conté que la patanería verdaderamente mala, patana, perversa, incluye, además del maltrato, estrategias maquiavélicas que hacen más compleja su detección y por tanto su detención. Es que un patán de este calibre tiene la habilidad de detectar los puntos más débiles de su presa y usarlos para herir. Sin embargo, esta intimidación y amenaza es velada, por lo que la dominación lo es también. La pareja del patán se adhiere «voluntariamente» a la sumisión desde un debilitamiento brutal y un lavado de cerebro. La atadura psicológica genera una especie de anestesia en la presa, quien, sin darse mucha cuenta, está a merced del patán.

¿SE TRATA DE MASOQUISMO?

De manera superficial se tiende a pensar que si recibimos un trato abusivo es porque lo merecemos, porque somos culpables o porque lo permitimos; incluso se piensa que lo disfrutamos porque no hacemos mucho por salir de esa situación.

Dentro de esas afirmaciones comunes que la gente hace —en su total desconocimiento de las dinámicas violentas— destaco las siguientes:

- Que muchas mujeres provocamos a los patanes y por ello aquellos responden así.
- Que exageramos el maltrato en tanto que generalmente no les han puesto nunca una mano encima.
- Que no aguantamos nada.
- Que queremos llamar la atención de algún modo.
- Que si pusiéramos límites, eso no ocurriría.
- Que si cumpliéramos con nuestras obligaciones, no tendríamos esos problemas.
- Que salimos beneficiadas con ganancias secundarias porque luego nuestras parejas, para reparar, nos dan regalos o nos invitan de viaje, o simplemente quedamos ante la sociedad como «las buenas del cuento».

En síntesis, el discurso de «se lo merecen», «lo permiten», «les gusta» tiene como base todas estas afirmaciones, todas ellas simplificaciones del complejo asunto que implica el abuso y el maltrato, más aun la perversión.

Considerar que quien sufre una violencia sostenida es cómplice, incluso responsable, y hasta «disfruta» de los intercambios lastimosos implica negar la inequidad de poder, la fuerza del dominio que se ejerce sobre la persona, así como el debilitamiento sostenido, que paraliza, limita o bien impide la posibilidad de defenderse. Esta postura también supone negar la gravedad de los efectos psicológicos del acoso, así como el impacto de las agresiones que no dejan rastros tangibles.

Es común que los testigos de estas situaciones consideren «los malentendidos de la pareja» como aspectos comunes de una relación conflictiva o apasionada, sin reconocer que son realmente violencia. A diferencia del masoquismo como patología (que podría definirse como la búsqueda activa del fracaso y del sufrimiento para satisfacer una necesidad de castigo), en el caso de las víctimas de un patán lo que se desarrolla es una atadura psicológica ante el debilitamiento que producen la confusión y la agresión.

Por el contrario, y desde la perspectiva de Sigmund Freud —padre del psicoanálisis—, quien posee un carácter masoquista se complace con el sufrimiento, los tormentos y las tensiones, y jamás disfruta de las alegrías de la vida. Se queja constantemente y se muestra pesimista, lo cual genera antipatía y desespero en las personas con quienes se relaciona. Pero esta descripción no corresponde muchas veces con las personas que viven abuso, quienes generalmente, lejos de victimizarse, tratan de mostrarse con actitud positiva, disfrutando lo que se les ofrece y buscando darle buena cara a la vida.

CÍRCULO DE LA VIOLENCIA

Quizá muchas de nosotras hemos escuchado acerca del famoso círculo de violencia, y es que los patrones violentos tienen una secuencia que se repite: al principio puede ser más esporádicamente, pero con el paso del tiempo la frecuencia se acelera y se incrementa la intensidad. Por eso es muy importante recordar que el círculo se amplía y sus consecuencias cada día son más graves, así que cuando normalizamos lo que estamos viviendo también minimizamos los efectos de estas interacciones en nosotras.

El círculo de la violencia repite el siguiente patrón:

- **Calma aparente:** Al inicio de la relación, los intercambios en general marchan en calma. No se dejan ver mayores diferencias y desacuerdos; la relación se va dando de manera idílica ante la novedad del encuentro. Uno que otro chispazo de tensión no opaca el amor.

- **Acumulación de tensión:** Comienzan a presentarse diversas situaciones de roce, amenaza, desacuerdo y malestar que van gestando lentamente una posible explosión. Los episodios permanentes de peligro van aumentando la ansiedad y la hostilidad en el intercambio. El patán empieza a sentirse cuestionado por su pareja y esta, en su afán de agradarlo —pero ya sintiéndose alterada por la presión—, puede cometer «errores» tratando de evitarlos. Aquí es donde los patanes afirman que se les está «provocando» y la pareja, en un intento por calmarlo y complacerlo, trata de convencerse de que de ella depende controlar la agresión de su pareja. Las tensiones se van manifestando con agresiones verbales o físicas sutiles y leves, como demandas irracionales, silencios inexplicables o sarcasmos aislados, entre otras. Las mujeres tienden a explicar estas conductas culpándose a sí mismas de sus errores, o bien, justificando a su pareja por el exceso de trabajo que tienen y la presión que su familia ejerce en ellos. En un principio de la relación, esta fase puede durar meses, por lo que detectar el riesgo en este punto podría evitar llegar a la fase más aguda que es la siguiente.

- **Explosión de la violencia:** El patán lleva a cabo la acción violenta. Generalmente se da en una mezcla de agresiones físicas, psicológicas o sexuales de mayor relevancia. A través de ellas, el patán descarga las tensiones acumuladas durante la etapa anterior. Si bien esta fase puede ser de mucho menor duración que las etapas anteriores, incluso de un único incidente, también es de mayor intensidad (sino es que fatal). Las consecuencias a nivel físico y psíquico instauran alteraciones psicológicas en la víctima.

- **Distancia y arrepentimiento:** Tras el episodio violento, el patán pide perdón e inicia una serie de comportamientos para compensar lo que hizo y mostrar a su pareja que eso que ocurrió no volverá a pasar. Es común que aquí las mujeres, además de perdonarlo, en tanto que no tienen claro cómo verbalizar lo que sienten y piensan, se autoculpen. Al ver la «parte positiva» de su pareja, también vuelven a creer en que ese es el hombre del que se enamoraron, quedando atrapadas en la idea de que de ellas depende que lo positivo de él aparezca con más frecuencia.

- **Luna de miel:** Esta etapa se caracteriza por una amabilidad extrema de parte del patán y por diversas conductas «amorosas», como atenciones, promesas y regalos. También la luna de miel incluye acciones positivas del patán con los familiares y amigos de su pareja para que eso le «sume puntos» ante ella, sino es que directamente le asegure aliados para que la convenzan de que él es un buen partido y que «deje de exagerar». En ocasiones, en esta fase el patán incluso acepta que requiere ayuda profesional y apoyo para salir adelante; puede también amenazar diciendo que el abandono o la separación podrían agravar su situación.

- **Calma aparente:** Aunque se regrese a la «calma anterior», la repetición cada vez más frecuente del círculo hace que la mujer se dé cuenta de que esta fase se sostiene cuando el patán siente que todo lo que pide se toma en cuenta y cuando el mundo de ambos transcurre dentro de lo que él considera lo «correcto». Así, es cada vez más fácil que se derrumbe este precario equilibrio e inicie la acumulación súbita de la tensión.

Con el paso del tiempo, la repetición del círculo de la violencia es cada vez más frecuente, así que se reduce únicamente a las etapas de calma, acumulación de tensión y explosión. En este punto, muchas mujeres expresan que se conforman con el hecho de que su pareja ya no les «arme un pancho» ni las maltrate, como si la ausencia de malos tratos fuera suficiente para sostener una relación. Pero esto no sólo aumenta las agresiones en frecuencia y forma, sino que va disminuyendo los recursos psicológicos de las mujeres para huir de esta espiral violenta.

Sobra decir que las mujeres no somos culpables de que se active este ciclo de violencia, pero sí somos responsables —tras la toma de consciencia de lo que estamos viviendo (ya sea con apoyo de gente cercana o de un trabajo terapéutico)— de salir de este ciclo vicioso, así como de identificar en futuras relaciones las señales de riesgo que nos pueden llevar a una repetición.

PREGUNTAS Y FRASES CLAVE
PARA UBICARNOS

1. «Estoy teniendo problemas de maltrato con mi pareja, pero siento que es un asunto privado y debo resolverlo sola».
2. «Si me maltrata, debo de estar haciendo algo para provocarlo».
3. «Soy totalmente culpable por no romper mi relación, aunque sé que me lastima».
4. «No es que me guste sufrir, pero, si termino esta relación, perjudico a muchas personas (incluso a mis hijos)».
5. «Él no es malo, pero es abusivo porque tiene problemas, pues ha sufrido mucho. Los resolverá y pasará el maltrato».
6. «Yo lo amo, pero su naturaleza es "irritable"».
7. «Pienso que estamos pasando una mala racha, pero que, una vez calmadas las aguas, cesará la agresión».
8. «Ahora se exagera el tema de la violencia, todo lo piensan como maltrato. Ya las mujeres no aguantamos nada».
9. «Lo que vivo no es violencia; son discusiones que acaban mal sólo cuando bebemos».
10. «Si hago más esfuerzos, encontraré la manera de no activar su ira».
11. Cuando se dirige a ti, ¿te llama por un apodo que te desagrada o con groserías?
12. ¿Te ha dicho que andas con alguien más?
13. ¿Insinúa que tus amigos quieren andar contigo?
14. ¿Te compara con sus exparejas?
15. ¿Te avisa que, si no eres como él necesita, andará con alguien más?

16. ¿Todo el tiempo quiere saber qué haces y con quién estás?

17. ¿Te critica, se burla de tu cuerpo y exagera tus defectos en público o en privado?

18. Cuando estás con él, ¿te sientes tensa y temes que, hagas lo que hagas, él se molestará?

19. Para decidir lo que harán cuando salen, ¿ignora tu opinión?

20. Cuando platican sólo habla de sexo y te pregunta sobre las relaciones sexuales con tus exnovios.

21. ¿Te ha dado algún regalo a cambio de algo que te ofenda o te haya hecho sentir mal?

22. ¿Se puede enojar repentinamente y por cosas sin importancia?

23. ¿Te interrumpe o ignora cuando platicas sobre tus cosas o tus deseos?

24. ¿Te deja plantada con frecuencia y sin justificación?

25. ¿Ha llegado a humillarte a solas o ante otras personas?

26. ¿Puede ser cruel con amenazas o arrebatos físicos cuando se molesta?

27. ¿Insiste en saber todo lo que haces y todo lo que piensas?

28. ¿Revisa tu bolsa, tu teléfono, tu ropa, tu computadora?

29. ¿Ha llegado a seguirte o espiarte?

30. ¿Te envía mensajes recurrentes para saber qué haces, en dónde y con quién estás?

31. ¿Te pide explicaciones detalladas de lo que haces cuando no está contigo?

32. ¿Te da instrucciones de cómo hacer las cosas para asegurarse de que no te equivoques?

33. ¿Organiza tu tiempo libre?

34. ¿Elige a tus amistades o desacredita a quienes no son elegidos por él?

35. ¿Te pide que no vayas a ciertas reuniones?

36. ¿Se molesta por el trabajo que tienes?
37. ¿Te indica cómo debes vestirte?
38. ¿Se molesta contigo si no haces lo que te pide?
39. ¿Se enoja si no le adivinas o anticipas sus deseos, pensamientos, gustos y necesidades?
40. ¿Toma tu dinero u objetos tuyos sin consultarte?
41. ¿No te paga cuando te pide prestado?
42. ¿Ha destruido objetos que te pertenecen en reacciones de ira?
43. ¿Maltrata o avienta objetos cuando se molesta?
44. ¿Ha llegado a hacer cosas como manejar a alta velocidad, bajarte del coche, beber y poner tu vida en peligro?
45. ¿Después de los pleitos hace promesas y regalos para que lo perdones?
46. ¿Te presiona a consumir alcohol u otras sustancias para «pasarla bien» juntos?
47. ¿Te ha empujado, dado algún golpe o jalado el pelo?
48. ¿Te ha dicho que, si lo dejas, te hará daño a ti o a tu familia?
49. ¿Te ha amenazado con quitarse la vida si lo cortas?

REACCIONES NATURALES ANTE EL MALTRATO

- **Shock emocional:** «Me siento abatida. ¿Por qué estoy tan tranquila con todo lo que pasa? ¿Por qué no puedo llorar?».

- **Incredulidad:** «¿Esto ha pasado realmente? ¿Por qué a mí?».

- **Vergüenza:** «¿Qué pensará la gente? No puedo decírselo a mi familia o a mis amigos».

- **Humillación:** «Me doy vergüenza; no tengo valor ni dignidad».

- **Depresión:** «Me siento tan desvalida. Tal vez estaría mejor muerta».

- **Ineficacia:** «¿Retomaré el control de mi vida en algún momento?».

- **Desorientación:** «No sé realmente qué día es hoy o a qué clase tengo que ir. Soy incapaz de recordar mis compromisos».

- **Re-experimentación:** «Sigo pensando en lo sucedido. Aún revivo ese evento que me perturba».

- **Negación:** «Aquello no fue realmente maltrato; es mal humor».

- **Miedo:** «Estoy asustada de todo. No puedo dormir porque tengo pesadillas. Tengo miedo de salir, de quedarme sola».

- **Ansiedad:** «Sufro ataques de pánico. ¡No puedo respirar! No puedo dejar de moverme. Soy incapaz de quedarme quieta».

- **Odio:** «¡Desearía que "Jaime" estuviera muerto!».

- **Tensión o malestar corporal:** «Con frecuencia me duele la cabeza, el estómago, la espalda... Me siento nerviosa y no tengo ganas de comer».

- **Culpabilidad:** «Me siento como si hubiese sido mi error; quizás hice algo para que esto pasara».

Espero que todo lo anterior te sirva para identificar lo que está pasando, si es que tú o una amiga o familiar se encuentran en esta situación por estar relacionadas con un verdadero patán. El camino lleva tiempo. Es importante reflexionar. El objetivo será reconocer las vías de prevención, atención y manejo de esta situación tan compleja, con el fin de que poco a poco trabajemos y sanemos aspectos personales, para recuperarnos de la experiencia del abuso. Caminemos juntas para volver a tener el control de nuestra vida, más aun si has estado sumida en relaciones de abuso sin encontrar vías de solución.

CAPÍTULO 4

RESISTIR, TRANSGREDIR, DENUNCIAR Y RECUPERARNOS

Por lo regular, nos juzgamos a la ligera tanto a nosotras mismas como a las mujeres que nos rodean y que se encuentran sufriendo los maltratos de un patán. Sin embargo, si nos detenemos a observar nuestras reacciones, aun las más imperceptibles, nos daremos cuenta de que nadie es pasivo ante los actos violentos. Siempre hay una respuesta, por minúscula que sea, de rechazo hacia ellos. A nadie le gusta ser tratado de manera arbitraria o déspota.

Poco a poco, vamos entendiendo la complejidad que genera convivir con un patán; también descubrimos que el malestar que experimentamos —sutil, confuso, a veces más evidente e insidioso— es en sí mismo una forma de rechazo.

DE RESISTIR A RECONOCER Y TRANSGREDIR

Las mujeres, cuando somos víctimas de violencia, de opresión o de cualquier tipo de falta de respeto, siempre respondemos manifestando nuestro desacuerdo, ya sea con una lágrima, un silencio, un enojo, tratando de proteger a nuestros seres queridos, protegiéndonos de daños mayores, acudiendo al hospital para ser tratadas por algún malestar, hablándolo con otras personas, pensando en qué podemos hacer en una siguiente vez y en miles de formas más que cada una de nosotras sabe. Por «pasivos» que parezcan estos intentos, son respuestas que ponen de relieve nuestro malestar y nuestro desacuerdo ante esas conductas opresivas y lastimosas. Nunca somos sujetos pasivos ante los abusos; incluso manifestar vergüenza es una forma de respuesta que significa rechazo ante lo vivido.

Responder y rechazar el maltrato incluye cualquier pensamiento o acción a través de los cuales una mujer expresa su desacuerdo ante la violencia a la que está siendo sometida. Queremos cambiar la creencia de que el llanto, la búsqueda de protección y tantas otras formas de respuesta son un símbolo de debilidad; por el contrario, son expresiones de desazón, rechazo y desacuerdo. Siempre tenemos eventos, por pequeños que sean, que hablan de nuestra oposición al abuso. **Todas las mujeres deseamos vivir libres del maltrato y, de alguna forma u otra, hemos hecho algo que está relacionado con esta historia de liberación, por pequeño que sea el acto.**

Tomar consciencia de esto es un primer paso para contradecir la idea de que nos gusta lo que estamos viviendo, lo propiciamos o lo aceptamos. Por supuesto, eso no ha sido suficiente para cambiar nuestra historia, pero es un primer paso para reconectar con nuestro deseo de tranquilidad, libertad y autonomía.

Lo que estamos mostrando con esto es que se necesita abrir el espacio interior para alejarnos de sentimientos de fracaso e impotencia, así como para que reconozcamos la posibilidad de construir escenarios diferentes, libres de estrés y sometimiento, a fin de retomar las riendas de nuestra vida.

Desbancar la idea dominante de que no hemos hecho nada por cambiar la situación en la que estamos y de que no tenemos salida se consigue detectando estas pequeñas acciones de rechazo a la situación presente. Es importante darnos cuenta de que es errónea la idea de que sólo respondemos realmente a la violencia si logramos parar de tajo las agresiones vividas; ese es el objetivo de nuestra lucha, pero, a reserva de que nuestra situación sea de emergencia y requiramos salir corriendo para no poner en riesgo nuestra integridad física (con ayuda de la ley si es necesario), el proceso de transformación de este maltrato —si bien no puede durar una eternidad— implicará tomar consciencia, resistir y fortalecernos para cambiar la situación que estamos viviendo. ¡Ojo! Eso no significa cambiar al patán —lo cual puede ir ocurriendo según la consciencia y compromiso que adquiera el hombre con el que estamos y como respuesta a los límites que marcamos con claridad y determinación—, sino detener la situación de abuso, saliendo o no de la relación. No podemos interferir en las decisiones del otro, sólo en las nuestras.

Si fuera tan sencillo no liarse con un patán o salir de sus «garras», no se requerirían ni estos libros ni terapias de apoyo, menos aún programas públicos que visibilicen el maltrato y leyes que lo penalicen: ¡nadie estaría en tal situación de maltrato!

El acto de resistir no significa aguantar, minimizar o ignorar la historia abusiva que nos aqueja, pero sí señalar la realidad de que las mujeres vivimos nuestras vidas en ciertos contextos y lugares de los que, aunque nos gustaría cambiar, no podemos escapar siempre en un primer y único intento. Resistir, por tanto, es rebelarnos al maltrato de la forma que vayamos pudiendo: en un inicio podrá ser un silencio, una lágrima, una queja, para luego ser un límite contundente o una huida.

Lo importante primero es reconocer la resistencia y nombrarla, por invisible que sea, para poner de manifiesto lo que hemos hecho para demostrar nuestro desacuerdo y resistencia frente la penosa situación.

La forma en que nos oponemos, insisto, por pequeña e imperceptible que nos parezca, ahí está y da cuenta de nuestro deseo de bienestar, de nuestra sabiduría interna, de nuestra intención de vivir mejor. Es clara muestra de que queremos recuperar nuestros sueños, valores, intereses y deseos para alejarnos del sufrimiento y del dolor presente, para contradecir la idea de que estamos en un callejón sin salida.

Las mujeres en general somos educadas para ser satélites de las necesidades ajenas, priorizando los deseos del otro —particularmente de los hombres, ¡y de «nuestro» hombre ni qué decir!— en aras de obtener su reconocimiento, construir nuestra identidad a través de su mirada, así como conseguir y conservar su amor. Esta realidad nos lleva a empeñarnos de manera extrema en «capotear» las propias necesidades y deseos, pero nadando «a contracorriente», es decir, haciendo esfuerzos y malabares triunfales para lograr nuestros objetivos (con frecuencia relegados) con el fin de no «perturbar» los deseos de nuestra pareja, y si además es un patán, con el objetivo de amainar su enojo. Esto muchas veces se da incluso entre mujeres que se sienten de avanzada y no ven el condicionamiento sexista de agradar a su pareja y ajustar lo propio a sus demandas. Incluso muchas mujeres con carrera universitaria, libertad sexual y autonomía económica viven en un espejismo de libertad, pues en lo interno tratan de conciliar su vida de pareja, su vida personal y su vida laboral con una sobrecarga de deberes al estilo *superwoman* para no descuidar a su pareja: si eso en sí ya es injusto, el aceptar reclamos, señalamientos, coerciones y sometimientos es además abusivo.

¿Con qué libertad se puede diseñar la propia vida y honrar los propios sueños y necesidades, si es necesario reacomodarlas y adaptarlas a los demás? ¿Es esa una libre elección o se está escogiendo lo que se percibe como menos perjudicial?

Al vivir en la «contracorriente», además del cúmulo de mandatos de género que se nos asigna como mujeres —vive para los otros, facilita la calidad de vida de los demás, hazlo por amor a pesar de los costos que tenga para ti—, se nos exige también desplegar los recursos necesarios para llevar a cabo todo ese truco de equilibrio. Esto sin hablar de la inequidad e injusticia que también se llega a normalizar simplemente por el hecho de que «nos toca» por ser mujeres sentir, pensar y decidir con base en las demandas de los demás, así como resistir sólo cuando sentimos que «es demasiado» lo que estamos cargando o sufriendo.

Y «demasiado» se refiere al agobio o al malestar —ya sea por enfado, sobrecarga, angustia, tristeza o dolor— que supera las exigencias de nuestro «rol femenino», este papel que, además de incluir labores domésticas, crianza de hijos y otras actividades que facilitan la calidad de vida los demás, incluye el sostén emocional de los otros y en ocasiones la normalización del abuso y del maltrato como rasgos propios de la masculinidad.

Por eso, ante el malestar del que hemos venido hablando, además de resistir, también debemos transgredir. Cuando algunas mujeres despiertan a la realidad que están viviendo, toman salidas que les dan una sensación de oposición y liberación, pero no logran modificaciones profundas en sus vidas. Al hablar de transgredir, no me refiero a comportarnos como unas «rebeldes» sin causa...

Algunas mujeres se enojan ante la realidad que viven, se llenan de aplomo y hacen uso de su «carácter fuerte» para mostrar su desacuerdo gritando, explotando o protestando, pero sin que su situación cambie en lo profundo. ¿Y cómo no enojarse? Es entendible que al darse cuenta de que su situación desventajosa, coercitiva y de sometimiento se desate una tormenta de ira, pero, además de que no creo que el camino para detener la violencia sean más actos violentos, la verdadera recuperación de la dignidad y la autonomía necesita transgresiones que se enfrenten a la «contracorriente» que ha impuesto la situación de riesgo. Entiendo transgresiones como actos de resistencia que se desafían y se oponen abiertamente al orden que se da como «normal» a las mujeres.

Otras mujeres realizan pequeñas infracciones, con las que, aunque en un inicio dan cuenta de la resistencia que oponen al maltrato, son una salida superficial del profundo malestar que viven. Al hablar de infracciones, siguiendo a la famosa psicóloga Clara Coria en su libro *Los cambios en la vida de las mujeres*, me refiero a los actos que permiten obtener pequeñas y ocasionales ventajas que dan alguna sensación de respiro cuando se vive bajo coerción. Estas infracciones generalmente las realizan «mientras el lobo no está» y pueden ser desde irse a tomar un café a escondidas con las amigas, hasta tomar algo de dinero de la cartera de su pareja para adquirir algún bien o trabajar medio tiempo para «entretenerse» un rato. Pero con estas acciones infractoras no esperan logar una autonomía en su vida y menos aun recibir a cambio un buen trato; lo que sí experimentan es una sensación de alivio al rescatar cierto tiempo de libertad para ellas sin la presencia demandante del «ogro».

Al cometer infracciones, las mujeres toman cierta consciencia de sus necesidades, del derecho a satisfacerlas y de compensar el malestar en que se encuentran. A ratitos y en ciertas circunstancias favorables, dan lugar a sus intereses y necesidades, o ponen quejas y expresan su molestia con límites confusos, pero generalmente lo hacen «a cuentagotas» y muchas veces a escondidas. En ninguno de los casos legitiman el propio derecho a una vida libre de maltrato, pues, a pesar de que logran ir armando espacios propios, siguen tratando de no «descuidar nada» y sobre todo de no transgredir de más para no sentirse culpables ni tener que sortear el rechazo de sus parejas, e incluso para evitar recibir más agresiones.

Entonces, es importante no confundir esos intentos de poner límites y esas infracciones que se quedan en la superficie del cambio con las genuinas transgresiones que desafían el círculo vicioso del maltrato e incluso cuestionan y se oponen al sistema opresor que asume la obediencia y el sometimiento de las mujeres. Insisto: ¿qué es una transgresión? ¿En qué consisten esas acciones que sí llevan a detener el abuso y a recuperarse a una misma?

Transgredir significa infringir una ley, una norma o una costumbre. Los actos transgresores son desafíos a alguna cultura dominante. Dentro del contexto abusivo de vida con un patán, nos referimos a ellos como aquellas conductas que desafían y van transformando la norma o la cultura que invisibiliza la violencia, el maltrato, la inequidad *per se*.

La transgresión dentro de este contexto es una respuesta que cuestiona la estructura de abuso e inequidad en la que se vive. Más que una queja o un reclamo, es una postura que desafía el sistema opresivo que lastima y limita el crecimiento. «La transgresión lleva a la par a un proceso de empoderamiento a través del cual —como lo señala la Ley General de Acceso de las Mujeres a una Vida libre de Violencia— las mujeres transitan de cualquier situación de opresión, desigualdad, discriminación, explotación o exclusión a un estado de conciencia, autodeterminación y autonomía».

PARA SALIR DEL HOYO

Una cosa es tomar conciencia con cierta rapidez y con poco desgaste del abuso, y otra es rescatarse tras haber estado sometida a un tiempo prolongado de maltrato o a episodios brutales del mismo. Las circunstancias y características de cada mujer que lleva tiempo en una relación, comprometida o casada con un patán son muy distintas; por eso, me propongo en este apartado hablar de una secuencia de pasos que, si bien no tienen que darse rigurosamente uno tras otro, sí dan cuenta de una lógica que permite cautelosa pero decididamente avanzar en el camino de conciencia, liberación y recuperación.

PASOS DE RESOLUCIÓN

Identificar el problema

Lo primero que necesitas es reconocer que has estado en una relación de abuso más que en una relación de amor y que has perdido tu libertad. Por eso, es muy importante que hagas conciencia y reconozcas el círculo vicioso en el que te encuentras atrapada (tensión-maltrato-reconciliación), con un resultado final de temor y sometimiento de tu parte. Siempre es el momento adecuado de poner un alto sin culparte de no haber actuado con mayor rapidez; el objetivo es que no pase desapercibida para ti esta cadena enfermiza por más tiempo.

Si identificas que te encuentras en un problema de abuso, has dado el primer paso para recuperar el control sobre tu vida. Debemos entender que lo que hagas tiene que ser bajo una estrategia de autoprotección que no ponga en más riesgo tu integridad emocional y física: tú eres responsable de actuar estratégicamente a favor de tu propia seguridad.

En ocasiones, el abuso se establece de forma tan insidiosa que es difícil identificarlo, sobre todo si con quien estás tratando es un patán perverso. Aun así, llegó el momento de dejar de negar o minimizar el problema. Sea lo que sea que te llevó a despertar —quizás fue un día en que frente a otras personas te agredió, tal vez fue una película que te clarificó tu situación o quizás tu propio malestar y desgaste fue lo que te dejó claro que esto que vives ni es normal ni necesario—, llegó el momento de no sucumbir a más manipulaciones y mentiras.

Romper el silencio

Un paso posterior es darle voz al problema. Este es el primer escalón para que se escuche y para que escuches tú misma la situación en la que te encuentras. El silencio perpetúa el maltrato; hablar de él es «poner sobre la mesa» —y fuera de nuestra mente— la realidad que estamos viviendo.

- **Nombrar el abuso.** Una vez identificada la situación hay que ponerle nombre: «Sí, esto que vivo es abuso, es maltrato, es violencia». Ya pasó tiempo suficiente para estar confundida o tratar de excusar a tu patán. Probablemente tu enganche principal hacia esa relación poco sana hayan sido las múltiples justificaciones que has tenido sobre sus acciones, muchas veces creyendo que ese es el rol que te corresponde para ayudarlo y salvar tu relación: «me gritó porque tenía mucho estrés laboral», «se puso celoso por culpa mía», «entiendo que no le guste que me ponga escotes, pues llamo la atención en la calle». Sabemos que el contexto normaliza y avala muchas de esas conductas, pero hoy tú sabes que son injustificables. Ya no es momento de esperar a que tu pareja reaccione y cambie; es momento de enfocarte en ti. Para eso, hay que poner «nombre y apellido» a lo que estás viviendo: esto se llama violencia, abuso, maltrato. Nombrarlo es la primera manera de visibilizarlo y, por lo tanto, de iniciar una transición.

- **Documenta el abuso.** Este paso nunca está de más. Con cuidado y en cuanto tengas oportunidad, prepara algunas pruebas de lo que has vivido: una grabación, las fotos de algún desperfecto que el patán haya hecho con tus cosas materiales, la anuencia de algún testigo que haya estado presente en cierto incidente, conservar objetos que hayan sido rotos. Esto, además de serte útil en caso de una situación legal, también te recordará, cuando sientas debilidad de continuar en el proceso de recuperación, que lo que has vivido no ha sido un pleito menor, sino una situación de maltrato sostenida.

Apóyate en alguien

Dependiendo del grado de desgaste en el que te encuentres, requerirás diversas ayudas. No es fácil salir sola de una situación de abuso en la que te has sentido atemorizada y debilitada. El objetivo de rodearte de otras personas para iniciar tu plan de salida es «tocar base» cada vez que te sientas confundida, espantada o incluso en riesgo. Un interlocutor de confianza te acompañará en reflexiones necesarias para la toma de decisiones, así como en la contención emocional (es decir, que te escuche y tranquilice) para poder dar los pasos que necesitas. Una amiga de confianza, algún miembro de la familia, un colega cercano pueden ser personas dispuestas a brindarte este apoyo, incluso, ¿por qué no?, un profesional (abogado, trabajador social, terapeuta) o un grupo de apoyo en prevención y atención a la violencia doméstica.

Elabora un plan de salida

Actuar con impulsividad y sin previsión es una manera de llevarte al fracaso; sería como pretender correr un maratón sin tener los tenis adecuados y el entrenamiento necesario. Este plan de salida requiere de pasos concretos para abordar tu situación: quizás tienes muy claro qué y cómo lo debes hacer, pero necesitas ir paso a paso tomando acciones concretas y valorando los efectos de las mismas para poder continuar con la siguiente acción. Pequeñas acciones sostenidas —que van desde la resistencia, pasando por la transgresión, llegando a la conquista de la forma en la que quieres vivir— te permitirán irte moviendo de a poco, pero al mismo tiempo integrando sólidamente las nuevas actitudes, los nuevos pensamientos y las nuevas posiciones en las que te quieres colocar. El trayecto que inicias es desafiante, pero enriquecedor: irás observando cómo la experiencia de congruencia, satisfacción, claridad y liberación va siendo parte de tu vida. No sobra, sin embargo, hacer dos observaciones:

- **Ten un plan de seguridad:** si bien ya cuentas con personas o incluso grupos que te acompañan en el proceso, es importante informar a ciertas personas confiables que estén cerca de ti cuando hagas algún movimiento particular que te dé temor o que pueda ponerte en riesgo. Acuerda con tu grupo de apoyo o con personas de tu confianza el uso de una palabra clave —en caso de sentirte abrumada— que dé cuenta de que requieres apoyo especial. También es importante mantener informado a alguien sobre cómo rescatar ciertos artículos personales que quisieras conservar o recuperar. Estas son acciones que te permiten en determinado momento actuar con mayor seguridad y protección.

- **Elabora un plan de emergencia:** algunos patanes pueden responder explosivamente ante la negativa tuya de continuar bajo su control. Sólo tú sabes la magnitud de sus alcances, razón por la cual no sobra tener a mano tus documentos personales, dinero del cual disponer y un coche con gasolina (¡o un Uber en la puerta de tu casa!), en caso de necesitar una huida en calidad de emergencia. Podrá parecerte exagerada esta recomendación, pero ten la certeza de que hay mujeres que en momentos de riesgo no tienen a la mano los recursos necesarios para salir bien libradas.

Fortalecer tu resistencia

Insisto aquí en que resistir no es hacer «berrinches» y destrozar objetos; tampoco es vociferar sin llevar a cabo una acción de libertad. Sabemos que la desesperación lleva a la impotencia y al enloquecimiento, pero la resistencia es la oposición consciente a lo que estás viviendo. Para que sea efectiva ha de venir desde una reflexión que te otorgue el entendimiento interno de lo que estás viviendo, así como de lo que quieres, necesitas y anhelas para tener una vida que honre tus sueños, tus valores, tus aspiraciones y tus propósitos. Para fortalecerte y resistir el abuso de manera oportuna y constructiva para ti, te comparto algunas líneas de acción que pueden ayudarte:

- **Grupos de apoyo.** No sobra participar en algún grupo de apoyo que maneje los temas de abuso y maltrato para reforzar tu decisión, compartir tus vivencias, escuchar la experiencia de otras personas que se encuentran en situaciones similares y desafiar las limitantes que te dificultan avanzar en tu proceso.

- **Apoyo psicológico.** Para clarificar y fortalecer tu psique, que seguramente se encuentra desgastada, una terapia formal con un especialista en temas de abuso y relaciones de pareja puede ser de extrema utilidad. Si bien explicaré abajo los pasos requeridos para la recuperación del abuso dentro de un contexto terapéutico, la elección de la persona que te acompañe es de suma importancia, con el fin de que no te culpe de permisiva o no dedique demasiado tiempo en entender por qué has llegado a la situación que padeces, sino que valide lo que vives y vaya contigo desentrañado las ideas, acciones, temores, creencias y experiencias que te predispusieron a enfrentar lo que estás atravesando. Es necesario que un terapeuta te aporte la información precisa y la contención necesaria para moverte del lugar en el que te encuentras, reconstruir tu identidad, planear tu futuro inmediato, proyectar la vida que quieres tener y finalmente sanar las secuelas de lo vivido. Pero, ¡ojo! Muchos terapeutas aún invisibilizan el peso de la cultura patriarcal y de la inequidad de poder, sobreconsiderando factores intrapsíquicos y conductuales respecto a la situación de violencia, lo cual podría sobrecargarte de responsabilidad ante lo que estás viviendo y posponer tu actuar.

- **Apoyo psiquiátrico.** No sobra considerar, en caso de haber estado sometida a un estrés extremo y abusos mayores, la necesidad de pedir ayuda psiquiátrica. Si te encuentras debilitada por una depresión, paralizada por un miedo infranqueable, acotada por una ansiedad tan grande que nubla tu razón, incluso invadida de síntomas físicos que pueden ir desde la falta de apetito, pasando por el cansancio crónico hasta el insomnio, puedes estar ya experimentando los efectos del impacto traumático de haber estado expuesta a una situación patanesca por tanto tiempo. En este caso, tu cuerpo requiere equilibrar las sustancias químicas mermadas en tu cerebro para poder recuperar una estabilidad orgánica básica que te permita sentirte mejor, pensar con claridad y poder accionar la transición.

Actuar

Actuar es la llave para poner en marcha tu plan. Desde que decidiste comprar este libro, reconocer tu malestar y resistir —como sea que lo hayas hecho—, ya estabas iniciando tu proceso de cambio. La acción incluye una variedad de posibilidades que han de adecuarse a tu situación y a tu persona, pero, para no detener tu avance por la razón que sea, debes saber que a partir de ahora experimentarás cómo tus actos te proporcionan un avance interno, y esto, a su vez, te generará una sensación de confianza porque estás haciendo lo correcto, aunque eso te implique cierto temor y culpa. Un avance externo que da cuenta de que vas conquistando seguridad personal y libertad de acción es fundamental, así como una cierta retroalimentación de quien te acompaña —amigos, familiares, terapeuta—.

Pero ahora, con el conocimiento que tienes, debemos implementar tu plan de salida, que puede ser desde sostener transgresiones pensadas que apunten a detener la violencia y poner en marcha un proyecto de vida personal, hasta denunciar e incluso solicitar un divorcio en caso de que te encuentres en una relación matrimonial. En ocasiones el grado de violencia recibida requiere de acciones legales:

- **Denunciar.** Es importante señalar la importancia de reconocer que el abuso no es sólo un problema individual en el ámbito privado, sino que es un tema legal, un delito, un asunto de salud pública y, por tanto, de índole social.

  Si llegas a tener miedo de que tu integridad o la de tus hijos corra peligro, **no dudes en llamar a la policía**; no amenaces, sólo hazlo. Más vale que haya un «escándalo» por esto y no una tragedia «privada». Puede que lidies después con las consecuencias emocionales de hacerlo, que tendrás que trabajar en terapia o con tus amistades, pero llamar a la policía significa que lo que ocurre ahí no es sólo privado, sino que puede llegar a ser delito.

La denuncia ante el abuso puede ser puesta no sólo por la persona que lo sufre, sino por cualquier persona que haya sido testigo del mismo. Son pocas las mujeres que se atreven a denunciar por el miedo o la culpa que esto les provoca, o bien, por falta de información del proceso que implica.

Si el agresor es detenido en flagrancia, podrá ser juzgado por las agresiones infligidas, dependiendo de su gravedad. Esto ya no es tu responsabilidad. Es la consecuencia de sus actos. Si decides denunciar una agresión particular (por haber llamado a la policía o acudir al Ministerio Público), puede ser que el tema de separación lo decidas después; por ahora estás poniéndote a salvo y dejando los antecedentes de la agresión.

Si te has separado ya, el juez puede dictar una orden de restricción en caso de que exista un riesgo.

- **Hacer que intervenga la justicia.** Esto permite establecer unos rígidos mandamientos judiciales y evitar cualquier contacto entre ambas partes. Si no puedes deshacerte del abusador de ninguna manera, recuerda que tienes opciones legales a tu disposición. La principal opción es la orden de restricción —además de la denuncia por agresión ya citada—, dependiendo de las pruebas y circunstancias. Habla con las autoridades y un consejero de violencia doméstica para obtener más información.

EL PROCESO TERAPÉUTICO

No se puede determinar cuál es el momento preciso e indicado para iniciar una terapia, si bien una situación de abuso no identificada o no resuelta siempre es un motivo de consulta de peso. A veces se tiene que tocar fondo —en algunas mujeres es una omisión de parte de su pareja; en otras es un golpe— para sentir la suficiente impotencia o el excesivo miedo que deriven en la necesidad de pedir ayuda. En otras ocasiones es suficiente la sensación de falta de control de la propia vida, o bien, la experiencia de una tristeza sostenida «sin causa aparente» lo que impulsa a solicitar una consulta. No es inusual tampoco que, al ver al patán abusando de otra persona (que puede ser desde un trabajador de intendencia hasta los propios hijos), se tome la decisión de trabajar el abuso. Asimismo, se dan casos en los que se requiere de la alianza de algún amigo o familiar cercano para adquirir la fuerza y la claridad del paso que se tiene que dar.

El propósito de la terapia variará a lo largo del proceso, pero en general incluye los siguientes objetivos:

· Identificar y tomar consciencia del abuso.
· Reconocer las creencias, mitos y actitudes que lo refuerzan.
· Manejar los sentimientos de culpa, enojo, miedo, vergüenza que desencadena.
· Tomar las acciones necesarias para liberarse de él.
· Reconstruir la propia identidad, es decir, el concepto de quién eres y qué quieres.
· Echar a andar un plan de vida.
· Sanar el trauma que en menor o mayor grado deja el abuso.

Para quienes hayan intentado ya un proceso terapéutico previo, se encuentren en él o estén por buscarlo, es importante conocer aspectos centrales que ha de considerar la terapia solicitada por situaciones de abuso o maltrato.

En ocasiones, la invisibilidad de la violencia hace que se solicite ayuda debido a algún síntoma que se reconoce: puede ser ansiedad, depresión, insomnio o efectos psicosomáticos frecuentes que incluso el médico de cabecera puede diagnosticar como efecto del estrés. A lo largo de la terapia, el psicólogo ha de acompañarte a identificar el abuso y clarificar su efecto: salir de la ambigüedad y confusión de lo que se vive para reconocer la causa de sus malestares. Por supuesto que, ante el hecho de que el terapeuta carezca de una visión de género y desconozca el trabajo que se necesita hacer en casos de violencia, se corre el riesgo de minimizar la vivencia y peor aún de culpar a la consultante del trato que recibe: una intervención así sería una forma de ejercer más violencia sobre la paciente. Reitero: al pedir ayuda no sobra preguntar si la persona con la que acudes trabaja con conflictos de pareja, temas de género y poder, así como atención a la violencia doméstica; las tres especificaciones son importantes en tanto que son bases imprescindibles para trabajar con el tema del abuso y el maltrato en la vida de pareja.

Otro asunto central de la terapia es que recuperes la confianza en ti y en tus recursos personales. Esto se facilita cuando en sesión terapeuta y paciente exploran juntos el contexto en que se fue dando la patanería (historias de infancia, temas de género, enfermedad mental, machismo, perversión, entre otras creencias y condicionantes) para enmarcar las estrategias del abusador y distinguir tus vulnerabilidades.

De algún modo, todos somos vulnerables, pero nadie merece ser tratado de manera violenta: tener limitaciones no nos hace blancos para la agresión externa. El reconocimiento de estas estrategias facilitará que en el futuro que reconozcas la seducción manipuladora, las señales de riesgo, además de que te fortalezcas para detectar el riesgo, salirte de la relación si es necesario o frenar el dominio si es que existen posibilidades factibles (y no ilusorias) de transformar la relación.

Este proceso incluye sin duda el trabajo con las emociones. Ayudar a verbalizar la vivencia es tarea central de la terapia, en tanto que permite hacer distinciones y luego experimentar emociones. La liberación de la ira, la culpa y la vergüenza a través de la descripción y vivencia de las mismas es tarea central de la terapia.

A lo largo del proceso terapéutico se insistirá en la aceptación de que la angustia y otros sentimientos perturbadores, si bien irán disminuyendo lentamente, no desaparecerán de inmediato. El cambio que se inicia identificando y hablando de lo vivido genera cierto revuelo emocional; es más, la recuperación iniciada implica recorrer un camino desconocido, poco previsible y desafiante, de ahí la necesidad de tolerar la ansiedad que produce esta transición, dosificándola —si es necesario— a través de esfuerzos realistas, pero sin claudicar a ella.

El proceso avanzará al iniciar la conquista de los objetivos anteriores, así como al trabajar el duelo, producto de la impotencia que se vivió en el momento del maltrato y la sumisión. Atravesar el duelo te facilitará reconocer lo que sientes y honrar tu sufrimiento mirando tus heridas, en vez de despreciarte por ellas. Evitar esta parte del proceso terapéutico con el propósito de no volver a experimentar el dolor te impediría recuperar la propia valía y la energía para repensar y replantear la vida. No podemos irnos de donde nunca hemos estado; por eso, tocar el dolor ayuda a darle un lugar; reconocer que él no tiene más poder que el que nosotras tenemos sobre nosotras mismas permite procesarlo y disiparlo para facilitar la acción y la sanación. Si bien se necesita contar y recontar lo vivido como parte del proceso, se requiere de agencia personal para salir de la situación limitante y del dolor. Quienes han vivido estos hechos traumáticos tienden a mostrarse pasivas ante los mismos, de ahí la importancia de promover los recursos para adoptar una postura activa en el propio proceso de recuperación.

CUANDO EL TRAUMA HIZO DE LAS SUYAS...

Mantener una relación con un patán por un largo tiempo, es decir, estar sometidas a la patanería «constante y sonante», produce todos los efectos que hemos mencionado, pero dependiendo de la fuerza y duración de la exposición que tengamos a la violencia se puede generar un estrés postraumático en diversos niveles. Si este es alto, requerirá de un trabajo terapéutico especial. El trauma deja un rastro indeleble en quien lo padece, pero aun sobre una experiencia así se puede reconstruir la vida.

El punto central de este trabajo de reconstrucción consiste en recuperar nuestros recursos y reestructurar nuestra personalidad: aunque esto suene complejo, se puede lograr. Una de las primeras cosas que hacemos es replantear la relación con el entorno y salir reforzadas de la experiencia.

Pretrender ignorar o minimizar el impacto de una situación de trauma, debido al desequilibrio que provoca acercarnos a ella, genera el riesgo de quedarnos atrapadas e impedir la conquista de una vida más satisfactoria. Aunque podamos salir de la relación patanesca, los efectos traumáticos tienen que ser tratados para que no limiten nuestra vida futura llevándonos más a una situación de «sobrevivencia» que de crecimiento y realización personal.

El peligro de generar una fijación en el trauma se manifiesta cuando el conflicto es el único tema que domina nuestro pensamiento y enmarca nuestra vida; por lo tanto, invade todas nuestras emociones y limita nuestras acciones: nuestra vida —con menor o mayor grado de consciencia— se desenvuelve en torno a ese conflicto y se ve confinada por él. En consecuencia, es importante trabajar con las heridas del trauma y atravesar la tormenta emocional que desencadena, para luego recuperar nuestro pensamiento, nuestra emocionalidad... en fin, la agencia sobre nuestra vida.

Podría servirnos la comparación con una caída física lastimosa: si tenemos un dolor fuerte en la pierna y junto con él un raspón o herida en la rodilla, lo primero que debemos hacer es limpiarla y curarla para comenzar la rehabilitación de toda la extremidad; de lo contrario, esa herida crecerá o no podremos enfocarnos en el funcionamiento integral de nuestra pierna.

El trabajo con el trauma no se queda solamente en el abuso, sino que también busca rescatarnos de elementos que afloren en medio de la crisis emocional. Esta faena nos lleva a caminar por la redefinición de nuestra identidad y a una reestructuración de la propia vida. Desde ahora les digo: esto suena arduo y complejo, pero, en realidad, la reconstrucción se trata de algo factible y hermoso, porque nos da la posibilidad de una vida plena.

Cuando hablamos de traumas, sabemos que entramos en un tema ríspido. Como lo señalo al inicio de esta sección, su magnitud depende del tamaño del «golpe» vivido. Si el trauma ha sido muy corrosivo, llega a opacar el sentimiento vital, es decir, nuestro amor por la vida: atrofia nuestros propósitos para vivir y merma el significado de nuestra existencia. Por ello, la persona que ha sufrido un gran trauma experimenta ciertas dificultades para descubrir lo que le importa, lo que desea y lo que valora.

En consecuencia, trabajar con el trauma tiene como propósito que la persona se recupere, restaure el sentido de sí misma y reconstruya el sentido de su vida. Esto implica atravesar los sentimientos de desesperación, zozobra y vacío, así como remontar la desesperanza y la parálisis ante la vida. Es que la tragedia, por dura que sea, no ha de agotar toda la realidad la persona.

No sobra insistir en que la reconstrucción de la identidad resquebrajada es el eje del trabajo con el trauma; la idea de no ser quien se era y no valorar más lo que antes importaba da cuenta de ese quiebre de identidad. «¿quién soy?, ¿qué quiero?, ¿con qué cuento para lograrlo?». La identidad puede ser pensada como si fuera un «territorio» que se habita. Tras un trauma, este territorio se quebranta, sufriendo una reducción significativa de su tamaño, y al estar demasiado reducido, la persona afectada no sabe cómo actuar en la vida, cómo concretar planes y cómo continuar con sus proyectos personales. Lo que antes valía e importaba ahora se reduce y se empequeñece.

Para reestructurar la identidad, se ha de redescubrir lo que es valioso e importante en la vida, por supuesto abriendo el espacio necesario para escuchar y compartir todo aquello derivado del trauma: desde contar varias veces lo que ya se ha dicho hasta expresar lo que nunca antes se había narrado.

A la par de estas acciones, se refuerzan las estrategias para preservar lo que sí se aprecia y se valora de las propias relaciones, actividades, intereses, sueños y de la vida en general; de esta manera, la persona en proceso de recuperación puede rescatar y desarrollar un «sentido de sí misma» que corresponda a lo que ella prefiere, ampliando así el territorio de identidad, ya que la experiencia traumática reduce, debilita y empobrece su experiencia de valía y el margen de acción personal.

Si nosotras reconocemos y nombramos nuestras habilidades y saberes propios, describimos las acciones que dan cuenta de estos recursos, compartimos ejemplos en los que tales competencias se pusieron en juego, reconocemos y describimos los efectos que generó en nosotras esa «puesta en escena», no sólo podremos retomar los sueños y los valores que han regido nuestra vida, sino que reconoceremos que aún habitan en nosotras y así podremos comenzar a resignificar todo aquello malo que vivimos.

Comenzaremos así a empoderarnos a través del despliegue de nuestros propios recursos. Entonces, a la par de este proceso, comenzará una reflexión hermosa: lo que deseamos para el futuro y las acciones necesarias para lograrlo.

La experiencia de la reconstrucción de la identidad confirma que las vivencias traumáticas no agotan toda nuestra propia realidad, sino que, bien trabajadas, abren una puerta de autoconocimiento, de actualización de la persona que queremos ser y, por tanto, de crecimiento.

DOSIS INTENSIVAS DE RESILIENCIA

Muchos hemos escuchado sobre el término *resiliencia*, pero sin «echarnos un clavado» en lo que significa este recurso tan esperanzador. La resiliencia es el proceso por el cual logramos adaptarnos a los cambios y salir

airosos de la adversidad. Tales cambios o adversidades pueden ser traumas, amenazas, tragedias, pero también fuentes de tensión causadas por problemas familiares, laborales o económicos. Sin duda, la experiencia del abuso es una vivencia que requiere de la resiliencia para remontarla y superarla.

Ser resiliente significa remontar una experiencia difícil, salir adelante y reponerse de los efectos implicados. Es la facultad que tenemos como individuos de hacer uso de una especie de flexibilidad emocional, gracias a la cual resistimos el choque que representa una desventura. Pero la resiliencia es más que resistir; es también aprender a vivir, esto es, administrar nuestras emociones y desplegar nuestros recursos. El hecho de enfrentar situaciones extremas hace nacer en nosotros un peculiar sentimiento de *supervivencia*: desde ese hecho, vivenciarnos como *supervivientes* nos hace sentir que recibimos «tiempo prestado» y que, dado el valor de tal préstamo, es importante gozar cada instante que venga y buscar la plenitud. Toda situación extrema, dado que es capaz de arrebatar la vida, fomenta, paradójicamente, la vida misma, para supervivir: no para simplemente sobrevivir, sino para vivir en *plenitud*.

Podemos asegurar que la resiliencia es una característica natural de los individuos y no, como podría pensarse, un don especial de ciertas personas. La gente comúnmente demuestra resiliencia en las situaciones más sencillas: desde retrasarse en el tráfico y tener que esforzarse el doble para llegar puntuales a una cita, hasta sobreponerse a enfermedades, catástrofes naturales, muertes, abusos y violencia, entre otras cosas.

La resiliencia de un objeto se entiende como la capacidad que este tiene para resistir un choque. Se refiere a cierta elasticidad que le permite soportar embates sin que con estos sean destruidas sus estructuras físicas y químicas fundamentales. Antes, cuando se decía que tal o cual objeto era altamente resiliente, se hablaba de la sustancia del material, de la naturaleza del objeto por la cual tenía una mayor resistencia a los impactos. Cuando dio el salto hacia las ciencias sociales, se redefinió, especificando la capacidad para salir avante de situaciones difíciles, de los choques de la vida, del carácter de una persona para continuar la vida airosamente.

Esta capacidad de resistir presenta una idea dialéctica, es decir, la necesidad de enfrentarse a dos posturas que comúnmente podrían parecer contrarias, pero que en el momento se presentan como complementarias, por ejemplo, la felicidad de la tristeza, o, como suele decirse, «de lo malo, lo bueno». Hay en nosotros cierta ambigüedad que, al final, se integra para ayudarnos a enfrentar la muerte, por ejemplo. De este modo, la resiliencia se nos muestra como una herramienta para enfrentar sólidamente las vicisitudes y fomentar nuestra madurez emocional, aunque —cabe decirlo— no es algo que se desarrolle sin cierta práctica y no todas las pérdidas nos exigirán el mismo nivel de resiliencia.

El abuso no es una experiencia menor. De hecho, hay personas que no lo sobreviven ni física ni emocionalmente. Sobra decir que vivir bajo el maltrato y la violencia es devastador, pues pone en riesgo nuestro equilibrio más básico. Por ello, consideramos que conocer y desarrollar las tácticas y estrategias que nos ofrece la resiliencia es un recurso para superar los rezagos de la vida con un patán.

La experiencia del abuso crea inestabilidad, así que no podría menos que acarrearnos problemas psicológicos delicados: ansiedad, insomnio o sueño intranquilo, depresión, padecimientos psicosomáticos e incluso enfermedades físicas derivadas del alto agotamiento emocional. Así, el ir y venir entre la desesperación, la frustración, la esperanza y la fantasía crean en la persona que padece un sufrimiento de mayor complejidad. ¿Cómo enfrentar estas nuevas formas de existencia tras la experiencia de haber vivido entre las «garras» de un patán?

FACTORES QUE DESARROLLAN LA RESILIENCIA

La resiliencia se forma de conductas, ideologías, acciones y pensamientos que puede aprender, desarrollar y utilizar quien se lo proponga:

1. **CREACIÓN DE VÍNCULOS.** Como seres primordialmente sociales, los humanos requerimos rodearnos de más individuos para enfrentar los retos. Así, establecer vínculos afectuosos y de apoyo mutuo es el primer factor que favorece el desarrollo de la resiliencia. Los grupos como familia, amigos o personas que vivan circunstancias similares, incluso grupos de crecimientos creados con el explícito fin de generar contención, aportan una mayor seguridad a quien atraviesa un proceso de recuperación tras haber vivido maltrato.

2. **NUEVOS PARADIGMAS.** En muchas ocasiones, existen circunstancias que no podemos cambiar, pero en la mayoría de ellas sí podemos modificar el modo en que las interpretamos. Dar un vuelco a nuestra perspectiva, pensar y observar desde otro

punto lo que estamos enfrentando ayudará a fortalecer nuestras ideas y construir diferentes cursos de acción.

3. **BIENVENIDA AL CAMBIO.** «Lo único constante es el cambio», parafraseando al antiguo filósofo Heráclito. Lo queramos o no, lo aceptemos o no, es parte esencial de la vida. De este modo, comprender que a lo largo de la vida nos enfrentaremos a situaciones difíciles que hemos de remontar —aun si estas son consecuencia de cierto azar y no de nuestra voluntad— es parte importante al enfrentarse a los conflictos. Un individuo que comprende los cambios, que procura practicar cierta elasticidad en sus planes y visión a futuro será mucho más propenso a manejar adecuadamente las vicisitudes.

4. **DECISIÓN Y VOLUNTAD.** Tiene que ver con actuar con aplomo, pero con una visión centrada. Es decir, enfrentar las circunstancias adversas requiere firmeza de carácter, pero esto no quiere decir que todo saldrá a pedir de boca. Es necesario poner en su justo sitio el presente, el pasado y el futuro, así como hacer uso de nuestra fuerza de voluntad, incluso aumentarla a través de ejercerla. Esto será posible cuando tomemos las decisiones necesarias para salir adelante. Una decisión no es un proceso imaginativo; es un acto palpable. Requiere de poner plazos específicos y realizar acciones contundentes. Aprendiendo a tomar decisiones podremos mejorar nuestra capacidad de resiliencia.

5. **AUTOCONOCIMIENTO.** Conocerse mejor a uno mismo es básico. Cada uno, en mayor o menor medida, sabe hasta dónde es capaz. Quienes no saben de

qué son capaces terminan descubriéndolo al paso. Esto trae también, quizás como consecuencia colateral, un mejor manejo de las emociones, de los sentimientos y los impulsos. Ser resiliente no significa que nunca vamos a sentirnos vulnerables, sino saber enfrentarse al dolor de manera adecuada, equilibrada e inteligente.

6. **SENTIDO DEL HUMOR.** Enfrentarse al abuso es un ejercicio serio, que requiere fuerza de carácter, y el sentido del humor siempre es una herramienta útil ante los conflictos. Saber reírse en el momento adecuado es un acto que libera estrés y permite pensar con mayor claridad. De ningún modo esto significa que debamos burlarnos del abuso, menos aún invisibilizarlo o minimizarlo, como he dicho a lo largo de este libro. Por lo contrario, es dar una buena cara a las tormentas, de modo que podamos ponerlas en su justo sitio sin menospreciar ni exagerar.

Todo lo anterior, claro está, tendrá variantes que dependan específicamente del carácter e historia de vida de cada persona. Para ejercer la resiliencia no se necesita no sentir dolor o estar en un constante estado de actitud positiva. La resiliencia solicita de nosotros el recuperarnos del abuso inteligentemente, permitir integrar en nuestras vidas el cambio y trabajar maduramente la frustración, el dolor y los efectos que el mismo nos dejó. La resiliencia contiene la percepción de que uno es capaz de intervenir en la propia vida como un agente de sus propias intenciones.

¿QUÉ OBSTACULIZA LA RESILIENCIA?

- El deseo de venganza, los secretos, martirizarse, el aislamiento.
- Creer que las cosas malas les suceden sólo a la gente mala.
- La desconexión de personas que pudieran apoyarte.
- Negar y reprimir los pensamientos negativos.
- Intentar que el olvido resuelva la situación sin un trabajo de resolución.
- Insistir en erradicar por completo el sufrimiento con el cual siempre hay que lidiar.

Migración de identidad:
para ser la persona que hoy quiero ser...

Michael White, trabajador social y terapeuta familiar, habla de la migración de identidad como un proceso en el que la persona se mueve de una forma de ser inoperante, lastimosa o caduca, a una identidad actualizada y preferida. Al vivir con un patán, hemos vivenciado eventos, reacciones, adaptación de nosotras mismas a la situación, que nos debilitaron y lastimaron. Eso nos dejó una experiencia de mirarnos a nosotras mismas y mostrarnos ante los demás de una forma que ni nos gusta ni nos funciona. Así, migrar de esa forma de ser y dejar lo que no nos sirve más para tener la identidad que elegimos es parte no sólo de nuestra recuperación, sino de la reconstrucción de la vida que anhelamos.

Esta transformación se da por etapas: el cambio es un proceso, no un evento. La resiliencia, con el rescate de las propias competencias, sueños y valores, permite atravesar las fases que describiremos para construir una nueva identidad que nos resulte más cómoda y enriquecedora.

1. **Fase de separación** o de rompimiento con la vida que hemos conocido hasta el momento. Soltamos creencias, cuestionamos paradigmas, visibilizamos injusticias; nos disponemos a movernos de lugar ante el hecho de no querer seguir en donde nos encontramos.

2. **Fase intermedia**, en que lo familiar está ausente y nada significa lo mismo que significaba antes. Experimentamos cierta extrañeza ante el hecho de entrar a territorios desconocidos. Cierta ansiedad e incertidumbre nos acompañan en esta etapa, pues permanece la tendencia de querer responder a los retos como lo hacíamos en el pasado, pero ahora con la conciencia de que requerimos formas diferentes y actitudes nuevas que nos permitan ampliar nuestro repertorio de vida y nos abran nuevas posibilidades futuras.

3. **Fase de reincorporación.** Se ha llegado a un nuevo lugar en la vida. Una vez más estás «en casa» contigo misma y con una manera de existir. Recuperas la sensación de tener conocimientos y herramientas para vivir. Nos sentimos cómodas con la nueva forma de experimentarnos y reaccionar. Hemos incorporado nuevas visiones sobre la vida y sobre nosotras mismas, nuevos ideales y más herramientas para alcanzarlos. Hemos construido una identidad acorde a lo que hoy necesitamos y valoramos, dejando atrás las viejas ataduras.

Salir adelante y colaborar en el proceso de consolidación de nuestra identidad enriquecida, en una nueva y legítima forma de vida, dependerá de cómo nos vayamos plantando ante el mundo, con convicción y firmeza.

El proceso de recuperación es arduo pero posible. Reconocer desde las más mínimas resistencias hasta actuar las más conscientes transgresiones son acciones que nos llevarán a la vida que merecemos y soñamos. No vamos solas: muchas mujeres han recorrido este camino. Además, hay personas dispuestas a acompañarnos y leyes hechas para defendernos. Contamos con muchos más recursos —humanos, personales, materiales y sociales— de los que nos imaginamos. Paso a paso y durante nuestro caminar podemos ir haciendo un recuento de todo lo que está a nuestro favor; es sólo cosa de tomar conciencia e iniciar el cambio. Yo te acompaño a través de estas líneas en tu viaje...

PARTE III

LIBERACIÓN

CAPÍTULO 5

MUJERES QUE ADMIRAN (Y AGUANTAN) DEMASIADO

Todos y todas, desde que nacemos, nos insertamos en un contexto que tiene creencias y formas particulares de percibir las relaciones sociales. No es lo mismo nacer en México que en Turquía, Inglaterra o Sudáfrica: nuestras costumbres, religiones y cultura son distintas. A todos nos crían y educan de cierto modo y esto marca la forma en la que nos relacionamos con la familia, la pareja, los amigos y las amigas, el trabajo, etcétera. Para entender cómo nacen, se sostienen y perpetúan las relaciones patanescas, ahondemos un poco en esta historia.

Como lo vimos antes, existen relaciones abusivas por diversos factores —trastornos de personalidad, enfermedades mentales, machismo y perversidad, entre otros—. Es importante entender cómo se originan esas personalidades patanescas, pero igual de preponderante es comprender por qué las mujeres podemos situarnos, desde una falsa feminidad, en una posición sumisa y abnegada cuando de hombres se trata.

No hay duda de que infinidad de cosas han cambiado en términos de igualdad y libertad: gracias a diversos avances científicos, sociales y políticos, las mujeres vamos conquistando espacios de equidad en nuestros trabajos e incluso en nuestra vida social y cotidiana. Recordaré algunas de estas conquistas para entender el paulatino empoderamiento femenino, alcanzado principalmente a partir de la mitad del siglo pasado.

Gracias a la aparición de la píldora anticonceptiva, a la revolución sexual, al movimiento feminista, al lento pero sostenido debilitamiento del patriarcado, a los reflectores sobre los derechos humanos y políticas de igualdad, entre otros acontecimientos, las mujeres hoy tenemos acceso, por un lado, a espacios públicos, puestos de poder, independencia económica y desarrollo profesional, y, por otro lado, a ser dueñas de nuestro cuerpo, nuestro sexo, nuestro pensar y sentir.

Los tradicionales y estereotipados roles en el matrimonio convencional se están resquebrajando; es más: el matrimonio como institución se encuentra en crisis y nuevos modelos amorosos —más flexibles y construidos a la medida de cada quien— comienzan a oponerse a la «institución matrimonial».

Nuestra autonomía económica y su influencia en la sociedad (desde decisiones cotidianas hasta políticas que cambian el rumbo de colonias, ciudades y ¡países!) nos hace pioneras de un nuevo reto femenino: **reivindicar nuestra necesidad de seguridad y nuestro deseo de experimentar sentimientos, pero también la capacidad de seguir creciendo con nuestra pareja en un espacio de intercambio justo y equitativo.** Una cosa no desplaza a la otra; se combinan.

Las mujeres estamos invitando a los hombres a involucrarse en una vida más flexible y diversa, menos encerrada en normas tradicionales que sólo logran limitar las relaciones de pareja. Mientras que antes eran ellos quienes llevaban sin cuestionamiento alguno la batuta en la relación, de manera muy particular en la sexualidad, hoy nosotras estamos rompiendo los esquemas de desigualdad para transformar la sumisión en encuentros más igualitarios, estimulantes y placenteros.

A muchos hombres les está costando trabajo esta nueva forma de relacionarse y con dificultad están generando algunas propuestas. A gran parte de ellos aún le vienen grandes las relaciones de equidad. **Con frecuencia vemos que se resisten al cambio mediante el primitivo uso de la fuerza —en algunos casos incluso de la fuerza física—, e incluso imponiéndose emocional, económica e intelectualmente.** Otros no quieren darse cuenta de lo que ocurre y prestan poca atención a las demandas femeninas, mostrándose sorprendidos cuando sus mujeres los abandonan o los «traicionan».

Algunos hombres intentan «barnizar» la relación siendo más cooperativos y conciliatorios, pero sin transformar de raíz el tema del poder. Sólo unos cuantos se han dado a la tarea de soltar sus privilegios machistas para crear una nueva manera de ser hombres que responda a las características del mundo actual. Un paciente me decía en terapia: «a los hombres nos falta mucho por cambiar porque las mujeres han cambiado mucho».

Las mujeres, en términos generales, ya no queremos estar a disposición de los hombres, sino disfrutar con ellos. Esto genera un desencuentro entre el modelo «tradicional», que las mujeres no aceptan, y el modelo femenino que los hombres todavía no han aprendido. Por esta confusión, estamos desorientados, con buenas intenciones pero con malos resultados, intentando crear por ensayo y error una plataforma diferente para el amor.

Desde hace más de 50 años las mujeres comenzamos a desafiar los roles que limitaban nuestra libertad y nos subordinaban al poder masculino; lo hemos hecho bien, pero el proyecto emergente de pareja —más igualitario— aún no se acaba ni de definir ni de estructurar.

Entre las contradicciones que existen, se encuentra esa recóndita y ambivalente necesidad femenina de buscar un hombre «superior» y, por lo tanto, «más fuerte, más capaz, más alto, más pudiente, más reconocido, más inteligente, más...». Y no me refiero a admirar las cualidades de la pareja, sino al «extra» que a veces requerimos como mujeres para sentirnos ¿protegidas, empoderadas, posicionadas?, como si el intercambio de pares —con su fundamental valor complementario: el respeto a la diferencia— y el gozo de compartir de pronto no fueran suficientes para amar.

Sí, muchas cosas han cambiado y en grandes dimensiones, pero aún hay algo que percibo entre tantas y tantas mujeres con las que convivo —amigas, pacientes, conocidas, familiares y alumnas, etcétera—: una necesidad de admirar de un modo particular a «su hombre», necesidad que les dificulta verlo como un igual, que las lleva a otorgarles un lugar «especial» que va más allá del amor que se da a una persona con quien se quiere hacer pareja y que implica querer posicionarlos «dos rayas» arriba de ellas. Este tipo de enamoramiento en ocasiones nos lleva a las mujeres a tolerar conductas abusivas ante el deseo ambivalente de protección, seguridad, y, al mismo tiempo, independencia e igualdad.

Ese «extra» que necesitamos atribuir a la pareja y que resulta difícil de definir es lo que a ellos se les pide también para ser «más hombres», como si ser simplemente varones fuera insuficiente. El machismo se construye con esa «dosis extra» de masculinidad que se exige para ser un «hombre de verdad» y que incluye, inevitablemente, también una dosis considerable de dominio, control y posesión.

¿Será que nuestro discurso de equidad habita entre las nubes y no acabamos de acomodarnos con un hombre terrenal? ¿Será que en el pasado la identidad de las mujeres se construía siendo «la esposa de...», «la hija de...», «la madre de...», y no sobre sus propios deseos, intereses, logros y valores?

Recuerdo la conocida frase: «detrás de un gran hombre, hay una gran mujer»; esta nos pone a las mujeres en el segundo plano, nos convierte en una sombra y nos impulsa a buscar ese «plus» masculino que consolida nuestra identidad.

Esta forma de vivir «entre las sombras» no va sola; se acompaña del deseo de ser amada —que todos tenemos—; pero, visto tras bambalinas o conseguido a través del segundo plano, puede ser de compañeras que se sienten impotentes e incompetentes, con un sentimentalismo infantilizante, así como con poca posibilidad de autonomía y de acción: siempre oprimidas y al servicio de los demás.

¿Habrá otras formas posibles de que seamos mujeres amadas que no exijan dejar atrás nuestros sueños o usar al cuerpo como estrategia de negociación? ¿Será posible estar en contacto íntimo con otros hombres desde una postura de intercambio entre pares? ¿Habrá nuevos modelos femeninos que no impliquen sólo tener un segundo lugar para poder construir una identidad propia? Aún en la actualidad se piensa que una mujer sin un hombre vale menos, está en riesgo, y, peor aún, que sin hijos no es una mujer completa.

Seguramente lo has escuchado o vivido: creer que sin esas dos cosas tu destino está perdido... Nos falta un buen trecho por andar en este camino de convertirnos en sujetos de nuestras propias vidas y no en objeto de la vida de los demás. Aún nos falta un trayecto considerable para lograr una equidad afectiva entre hombres y mujeres, y, sobre todo, para poder coordinarnos. A fin de lograrlo deberíamos abordar el tema de género, pues este nos permitirá hacer distinciones, reconocer patrones y visibilizar nuestros referentes históricos. Ya conscientes de ello, podremos avanzar en el tema de la igualdad, la colaboración amorosa y la libertad.

SER HOMBRE Y SER MUJER

¡Ah, cómo le gusta a la gente hablar de la «naturaleza femenina» y la «naturaleza masculina»! Por ella acabamos, tanto hombres como mujeres, adquiriendo un sinfín de ideas que nos hacen desear y sentir una cantidad de cosas que, la verdad, ni nos salen tan naturalmente ni tienen sentido alguno. Y entonces sí, cuando empezamos a cuestionar lo aprendido y lo impuesto, cuando nos despegamos un poquito de lo que se espera de nosotros, vienen a granel los prejuicios, señalamientos y alejamientos de quienes se consideran el estandarte de las «buenas costumbres» y poseedores de la «verdad absoluta». ¿A qué se debe que ahora todos los «expertos» en temas de biología, etología y antropología nos advierten que estamos dejando de escuchar «nuestro instinto» y yendo en contra de «nuestra naturaleza»? Estas advertencias vienen más en un tono moral que científico, además de, por supuesto, con un tejido de culpas, deberes, traiciones y frustraciones que difícilmente nuestro fuero interno alcanza a percibir, digerir y descartar. Ahí vamos por la vida sintiéndonos entre raros, malos, medio enfermos y defectuosos si en nuestro caso eso de «la naturaleza femenina o masculina» no acaba de cuajar.

No hay duda —¡afortunadamente!— de que hombres y mujeres no somos iguales: tenemos diferencias biológicas notables y los recientes estudios de las neurociencias señalan diferencias precisas que nos distinguen de manera puntual (ya llegaremos a ellas). Todas estas diferencias se pueden usar no sólo como atractivo erótico para quienes son hetero o bisexuales, sino también para sumar y unir las virtudes de ambos sexos en el trabajo, la vida familiar, los intercambios sociales, la política... todo ayuda.

Desafortunadamente, en el contexto social en el que vivimos, en el que durante siglos los hombres han dominado el espacio público y han ejercido autoridad también en el privado, se crea un sistema de jerarquías con distinciones entre lo femenino y lo masculino que nada tiene que ver con nuestras diferencias biológicas; este dominio masculino ha dado origen a un sistema jerárquico que se extiende hacia los ámbitos culturales, políticos y sociales, que se conoce como el famoso y mismísimo patriarcado.

TEJIENDO EL PATRIARCADO Y EL CAPITALISMO

El patriarcado es una especie de educación que nos heredaron los antepasados, la historia a través de los siglos (quizá por ello luchar en contra de esta cultura ha sido tan difícil). En el patriarcado, los hombres tienen el poder en todos los sentidos. Lo ejercen sobre las mujeres en la familia, el trabajo, las amistades y con el dinero. O sea: en todo. El patriarcado existe desde que las sociedades se hicieron sedentarias. ¡Imagínate...! Con él se crearon leyes, religiones y costumbres que le otorgaban la superioridad a lo masculino sobre lo femenino, entre otras cosas porque los hombres realizaban el trabajo que redituaba económicamente y estaban muy presentes en la vida pública. Desde entonces, las diferencias entre géneros comenzaron a crecer como una imposición social hasta crear grandes desigualdades económicas, políticas y sociales entre hombres y mujeres.

El patriarcado existe desde antes que el capitalismo, pero juntos son dinamita contra nosotras. Para el capitalismo el objetivo es obtener mayores ganancias con menos costos de producción; en este sistema, la autoridad es el hombre, puesto que es «superior» a la mujer. Todo, todo en el pasado se construyó con estas ideas. He aquí el punto de encuentro.

La unión del capitalismo con el patriarcado es la perfecta combinación para negar a las mujeres el acceso y control sobre el dinero; con ello nos mantenían alejadas del poder y nuestro trabajo era invisibilizado. Bueno, en muchos contextos estas prácticas continúan.

Marina Castañeda, psicoterapeuta y conferencista, en su libro *El machismo invisible*, afirma que este se mantiene por un conjunto de creencias, actitudes y conductas que descansan sobre tres ideas fundamentales:

1. **Lo masculino se contrapone a lo femenino.** Los hombres no son sólo diferentes, sino también excluyentes. Por ejemplo, ellos son fuertes; ellas, débiles; ellos son racionales; ellas, sensibles.
2. **La superioridad en actividades relevantes.** Ser hombre te da un pase VIP para llevar a cabo las actividades consideradas como importantes en la sociedad. Por ejemplo, ¿por qué ellos siempre deciden qué se hace con el dinero, a dónde se mudan, quién hace qué en la casa...? Difícilmente en el patriarcado el criterio femenino tendrá igual o mayor peso en las decisiones.

3. El imperio de ciertos valores que se consideran masculinos. En términos generales, es más «valioso» ser inteligente que sensible, trabajar en una oficina que en el hogar, ser activo que pasivo, ser hombre que ser mujer.

Está mal visto el machismo al estilo de la novela *Arráncame la vida*, de Ángeles Mastretta, en la que el personaje Andrés Ascencio le dice a Catalina, su esposa: «ah, qué lista, ¡hasta pareces hombre!». Quizás Ascencio, como muchos, compartía con el filósofo Arthur Schopenhauer la creencia de que las «las mujeres son animales con cabellos largos e ideas cortas». ¡Desde luego que no! En nuestros tiempos, cualquier hombre que se jacte de tener un grado básico de «cordura social» se cuidaría de mostrar dicho abuso e irreverencia. Eso es un hecho, chicas, pero cuidarse de las irreverencias no significa que hayan cambiado... Esto lo iremos desmenuzando poco a poco.

CONSECUENCIAS DEL PATRIARCADO

El machismo de hoy tiende a ser discreto, incluso para los hombres, y se muestra, más allá de los casos de patanería que he citado, mediante un sinfín de conductas sutiles que afectan a las parejas, amigos y colegas, lo que nos demuestra que aún nos falta mucho por conquistar para lograr la anhelada equidad. Veamos cuáles son las consecuencias del mentado patriarcado. Te darás cuenta de cómo muchas de estas consideraciones siguen vigentes:

- **CONSIDERAR QUE NUESTRO PAPEL SOCIAL ES ME- NOR.** Con frecuencia somos vistas como objeto de atracción sexual. Nuestro cuerpo es un simple objeto de deseo. Un gran número de mujeres sienten una insatisfacción permanente con su físico frente a la idea de que este es para gustarle al hombre. A mí me ha pasado, ¿a ti?

- **NUESTRA VIDA DEBE GIRAR EN TORNO A LA DEL VARÓN.** Somos la «pareja de» o la «señora de». En más de un sentido se sigue considerando que tenemos dueño.

- **EL VALOR QUE NOS ASIGNAN O NUESTRA PLENITUD SE ALCANZA CON LA MATERNIDAD.** Aún se escucha que «una mujer no es mujer de verdad si no es madre». ¡Vaya, ahora resulta que sólo ser madre te da un lugar en el mundo! Desde luego que no es así.

- **COMO SI FUERA UN HECHO INNATO, NOS DAN EL LUGAR DE CUIDADORAS DE TODOS.** La disponibilidad, dedicación y distribución del tiempo debe destinarse prioritariamente a las necesidades del resto de la familia, principalmente del marido. En cuanto a la división del trabajo no remunerado, a nosotras nos «toca» trabajar en el hogar o en labores altruistas sin paga; por ello, con frecuencia es difícil lograr la independencia económica. ¡¿Es que acaso nuestro trabajo y nuestro tiempo no valen lo mismo?!

- **EN GENERAL NUESTROS SALARIOS SON MÁS BA- JOS.** Es común enterarse de que, en un mismo puesto laboral, una mujer percibe un salario menor que el que recibe un hombre. Además, pocas mujeres consideran carreras profesionales de alto nivel, pues creen que su «función principal» es ser madres. En esta misma línea se espera que seamos quienes ocupemos los trabajos de medio tiempo para «no descuidar lo importante». Al no contar con buenas alternativas de subsistencia económica y emocional, las mujeres podemos estar vulnerables y, por lo mismo, soportar el abuso para ser sostenidas en lo económico y en lo psicológico. De algún modo, deseamos la libertad, pero tenemos temor por la equivocada idea de nuestra «debilidad». Algunas, además, tienen un arraigado sentimiento de inseguridad física que lleva necesitar de un hombre para estar protegidas.

Sobre la vida de los hombres, revisemos también cuáles son esas consecuencias del patriarcado:

- Los hombres deben ser un equivalente de fuerza y demostrar dominio, aun en situaciones en que las se sientan vulnerables.

- Desde luego, no se les permite sentir miedo. Sin importar contra qué se puedan enfrentar, este es un sentimiento desterrado.

- Viven bajo la constante exigencia de «saberlo todo» y «arreglarlo todo», pues son ellos quienes deben tener todas las cualidades varoniles y dominar todos los temas.

- No tienen derecho a llorar ni a expresar sus emociones; cuando lo hacen, está medido u cuantificado.

- Están obligados a conseguir o mantener estatus. Su valor como personas se mide por sus riquezas. Cuánto tienen: cuánto valen.

- Viven preocupados por su potencia sexual, pues se les asigna el papel de sexualmente dispuestos en todo momento.

- Se les niega experimentar afecto y ternura con los hijos y casi con cualquier miembro de su familia. Ante el patriarcado, un hombre es fuerte y no tiene sentimientos o no los puede demostrar.

- Deben asumir la responsabilidad del dinero, tanto de ellos como de otras personas.

- El desarrollo de relaciones respetuosas y sensibles con amigos, pareja o familia es símbolo de debilidad. Debilidad es sinónimo de «maricas».

SEXO Y GÉNERO

Las diferencias biológicas son una cosa y las que hemos establecido a nivel cultural son otras. Es muy simplista decir que la naturaleza nos dio limitantes o privilegios; sin embargo, muchas de las ideas que nos dicta el «deber ser» de los hombres y mujeres tiene una explicación. Conocer las diferencias nos permitirá desarmar esas ideas dominantes sobre feminidad y masculinidad que no sólo crean las relaciones patanescas, sino que también limitan la vida de mujeres y hombres.

La palabra *sexo* se refiere a las características biológicas: nacemos hombre o mujer (algunas personas nacen con órganos de ambos sexos, a las cuales conocemos como hermafroditas). Digamos que el sexo es lo que distingue a los hombres de las mujeres en una dimensión biológica, física, corporal.

La palabra *género* tiene que ver con lo que significa ser hombre o mujer dentro de una cultura y un momento histórico. Esta palabra encierra las ideas, creencias, atribuciones que se asignan a cada sexo.

El género se basa en las diferencias sexuales y sobre ellas se construyen los conceptos *femenino* y *masculino*, los cuales condicionan los comportamientos (¡y hasta las oportunidades!) atribuidos y permitidos tanto a los hombres como a las mujeres. Por ejemplo, antes, si eras mujer y jugabas futbol, te convertías automáticamente en una machorra. Afortunadamente, con el tiempo esas ideas ya pueden ser cuestionadas, replanteadas y transformadas. Hoy, por ejemplo, ya existen equipos y ligas femeninas. No podemos quedarnos ahí; hay que empoderarnos aún más.

Digamos, entonces, que esas ideas sobre el género no son naturales ni se sustentan en la biología; se enseñan y pasan de generación en generación a través de la cultura. Hoy las mujeres tienen una poderosa herramienta en sus manos: entender que muchas ideas fijas que condicionan nuestro diario actuar pueden modificarse. No siempre fue así; generaciones anteriores a la nuestra no cuestionaban ni se preguntaban el origen del condicionamiento social. Veamos cómo fue migrando a través del tiempo la idea de los comportamientos de hombres y mujeres o de cómo se construyen socialmente.

En la primera mitad del siglo XX, los estudios de género concebían las diferencias entre hombre y mujer como una consecuencia biológica. Es decir, los hombres y las mujeres se diferenciaban por el hecho de haber nacido «macho» o «hembra» y nada más.

Después se afirmó que las características de ambos géneros se relacionaban entre sí a la perfección, y se comenzaron a determinar los papeles sexuales, las personalidades, las actitudes, las preferencias, las funciones, los deseos, las habilidades, así como los roles masculinos y femeninos.

Como sabemos que los cuerpos de los hombres y las mujeres son diferentes y que el cerebro de cada uno tiene particularidades, estas distinciones han sido uno de los motivos para establecer estereotipos.

Con el paso del tiempo, psicólogos, sociólogos y otros estudiosos se han cuestionado sobre la importancia de las diferencias existentes entre los géneros desde su contexto social. Gracias a ello, hoy sabemos que construir nuestra identidad nos lleva tiempo: comenzamos en la niñez y la vamos reforzando a lo largo de nuestra vida.

Por ejemplo, un niño pequeño puede sentirse más atraído hacia juguetes que se atribuyen culturalmente a las niñas, del mismo modo que una niña puede sentirse atraída hacia lo que tradicionalmente se llama masculino. A los pequeños se les educa en una cultura que establece lo que es correcto para cada uno y eso nos hace crecer con ideas equivocadas o fijas.

ESTEREOTIPOS DE GÉNERO

A grandes rasgos, ya vimos cómo se crean las ideas de lo que un hombre o una mujer pueden ser o deben hacer. Un estereotipo es la descripción aceptada por las mayorías de un colectivo determinado de personas. Esta imagen se construye a partir de concepciones rígidas y distorsionadas sobre las características de los miembros de dicho colectivo. Los estereotipos masculinos y femeninos nos indican cómo debemos comportarnos los hombres y las mujeres.

Aquí están los estereotipos que llevamos en hombros:

Ellos

- Son diestros en el deporte, los negocios, la política y en todos los espacios públicos de la vida social.

- Manejan los recursos y toman las decisiones.

- Se exponen a los peligros.

- Dominan y controlan. Ejercen el poder sobre las otras personas (mujeres, niñas, niños, adultos mayores) y, por lo tanto, piden que satisfagan sus deseos y necesidades.

- Gozan de privilegios para hacer lo que deseen.

- Tienen permiso explícito o tácito para ejercer la violencia —verbal, emocional, económica, patrimonial o física— como forma de control.

- Deben ser proveedores, protectores, procreadores y autosuficientes.

- Deben evitar sentimientos de miedo o tristeza, y mostrar dureza y control.

Nosotras

- Se nos educa para cumplir ciertos roles o papeles sociales dentro del ámbito privado: ser madres que cuidan y alimentan a la familia, organizar y conformar nuestro modo de vida en torno a la maternidad y la pareja. Actuar fuera de estas esferas es secundario y puede generar culpa por el hecho de «estar descuidando lo principal».

- Necesitamos de *otro* para «ser alguien»: esposa de, madre de, hija de...

- Demostramos nuestras emociones y sentimientos antes que la inteligencia: se prioriza el sentimiento, la abnegación, la debilidad y la ternura; es preferible parecer «ingenuas» para no intimidar ni incomodar a los demás.

- Satisfacemos los deseos y necesidades de otras personas antes que los propios, al punto del sacrificio y la abnegación en ocasiones.

- Siempre debemos cumplir funciones de «madresposas» (como dice Marcela Lagarde), con esposo e hijos o sin ellos, ya que, de cualquier forma, están los amigos, hermanos, novios, esposos, nueras, yernos, jefes, compañeros de trabajo, alumnos, vecinos, incluso nuestros propios padres.

- Somos dependientes y subordinadas ante las decisiones de los hombres. Tememos a la «libertad» debido a nuestra dependencia no sólo económica, sino también psicológica, de los varones.

- No tenemos aspiraciones profesionales de alto nivel: se espera poco que aspiremos a una vida profesional, pues nuestra «función principal» es ser madres y esposas.

- Debemos mostrarnos débiles, dóciles o ingenuas, a través del chantaje, infantilismo, ocultamiento y manipulación; sólo así podemos obtener algo y dar espacio a sus sueños e intereses, ya que no podemos legitimarlos abiertamente.

- Ocupamos puestos de trabajo que no sólo se consideran «femeninos» y sostienen los estereotipos de género, sino que son remunerados con salarios más bajos que los de los varones: maestras, enfermeras, secretarias, trabajadoras domésticas, afanadoras, asistentes y trabajadoras sociales, etcétera.

- Nuestro cuerpo es un objeto de atracción sexual para deleite de los hombres, al tiempo que no debemos ser demasiado «livianas» en términos eróticos para no ser tachadas de «mujeres fáciles».

Estos atributos limitan el desarrollo de todos nosotros. Cualquier cosa que se aleje de las características asignadas puede hacer que se nos tilde de "poco hombres" o "malas mujeres", lo que deriva en temores e inseguridades internos, señalamientos, juicios externos y desencuentros en las relaciones personales.

La sociedad y la cultura refuerzan estos estereotipos a través del lenguaje. Un ejemplo muy claro es lo que se dice de un hombre o una mujer frente a conductas similares. Veamos:

PERSONA QUE SE MUESTRA...	SI ES HOMBRE	SI ES MUJER
Activa	Inquieto	Nerviosa
Insistente	Tenaz	Terca
Desenvuelta	Vivaz	Protagónica
Desinhibida	Espontáneo	Desvergonzada
Temperamental	De carácter firme	Histérica
Arriesgada	Muy hombre	Marimacha
Lista	Inteligente	Preguntona Metiche
Extrovertida	Comunicativo Buen conversador	Chismosa Lucida
Se defiende	Fuerte	Agresiva
Si no se somete	Firme	Dominante

Todas estas distinciones de género son rígidas y generalmente no corresponden con el verdadero significado de ser mujer u hombre, además de que claramente favorecen a una única inteligencia: la de ellos. Los estereotipos de género impiden la flexibilidad de funciones, roles y experiencias que podemos vivir sea cual sea el sexo con el que hayamos nacido. Esto nos ha generado grandes conflictos, pues el simple hecho de no poder movernos de las consideraciones sociales nos «encarcela».

MUJERES ABRIENDO BRECHA

¿Cómo poder estar *para el otro* sin perderse a una misma? ¿Podrán las nuevas generaciones compartir las funciones de cuidador/cuidadora y generar personalidades masculinas y femeninas más integradas y sin prejuicios? ¿Estamos las mujeres listas para asumir los retos de una verdadera equidad? No podemos dejar de reconocer que a partir de la segunda ola del movimiento feminista, que se dio hace 50 años, se han abierto un sinfín de puertas que facilitan el posicionamiento de las mujeres en las esferas sociales, económicas, políticas y culturales; con ello se avanza en la conquista de una sociedad más igualitaria. Sin embargo, aún queda un largo camino por andar. Y es que el feminismo de hoy en día no se centra exclusivamente en una lucha en contra de las discriminaciones de género, sino a favor de un modo de vida democrático, incluyente y real. La postura reactiva y agresiva de muchas mujeres —entendible por la gran historia de abusos sostenidos en manos de patanes primitivos— da cuenta de los pasos que faltan por darse, desde los mundos más personales e íntimos hasta los sociales y los grandes universos que nos rodean, para que las relaciones entre hombres y mujeres se gocen y sean realmente colaborativas.

Conozco a varias mujeres que desearían poder soltar lastres, ejercer sus derechos, legitimar sus deseos, hacer uso de su poder y hasta mostrar su fuerza y aptitudes con mayor autenticidad. ¿Cómo tomar conciencia e iniciar este trayecto para una mejor vida, en equidad y con mejores relaciones?

Propongo los siguientes puntos clave para avanzar hacia la equidad:

1. **VISIBILIZAR LA PATANERÍA Y ABRIR PASO A LAS GUERRERAS QUE LLEVAMOS DENTRO.** Así es: debemos abrir bien los ojos e intentar visibilizar los chistes machistas, los «piropos» soeces, el maltrato emocional y físico, en sí todo el machismo. Debemos nombrarlos y, en los casos que convenga, denunciarlos para detener el abuso y la falta de equidad. Muchas mujeres siguen minimizando —si no es que justificando y favoreciendo— los privilegios masculinos como si no existieran límites. En consecuencia, para cruzar esa barrera cultural no basta con nombrar, identificar o alzar la voz; también debemos construir espacios que favorezcan la toma de conciencia, es decir, donde compartamos experiencias e información, así como estrategias de empoderamiento y redes de apoyo que faciliten —paso a pasito pero sostenidamente— dejar de vivir a la orden o bajo la sombra de los hombres.

2. **¡NO MÁS PRINCESAS!** Seguir esperando un trato «especial», que incluye ser cuidada, rescatada y sostenida de manera casi infantil, genera posturas de dependencia e inactividad que llevan a las mujeres a que se consideren más niñas que adultas. Tenemos que asumir las consecuencias de nuestros actos, incluyendo las que nos restan ciertos privilegios: si deseamos ser independientes, debemos estar dispuestas a renunciar a la «protección y seguridad» controladora e infantil que nos ofrecen algunos hombres; estos aparentes beneficios tienden a crear dependencia y pocas veces resultan tan permanentes como deseamos y suponemos. No es-

tamos en contra de la búsqueda de una pareja, pero la tarea de encontrar al «príncipe azul» no es algo verdadero, real, que suceda en la Tierra, y pagar cualquier costo por ser amadas tampoco es positivo ni constructivo. El amor no puede ser nuestro único proyecto de vida: una buena relación de pareja aporta mucho a la vida de una persona, pero no podemos construir nuestra identidad personal en función de nuestra relación amorosa, dejando en segundo término todas las otras dimensiones de nuestra vida —familiar, social, laboral, espiritual, y recreativa—.

3. **EL DERECHO A RECHAZAR LA MATERNIDAD.** No todas las mujeres desean ser madres y no es un imperativo serlo para construirnos como «mejores» o «más» mujeres. Además, tener hijos es una vocación que implica satisfacciones, pero no es un instinto: es una elección y un compromiso que puede no ser deseado por muchas. Asimismo, el hecho de elegir no tener hijos no implica que debamos estar «a cargo» de nuestros padres u otras personas en el rol de cuidadoras, dado que «tenemos más "tiempo libre" porque no tenemos verdaderas responsabilidades», ni significa que debamos sacrificarnos en ese rol porque nuestros hermanos o hermanas están ocupados u ocupadas con sus hijos o grandes familias. Cada una tomó su decisión, así que establecer relaciones de igualdad con nuestra familia o hermanas o amigas será fundamental. Nuestro proyecto de vida (personal, privado, íntimo), asumido con consciencia, disfrute y responsabilidad, es una forma de trascender y entregarnos sin necesidad de realizar funciones de maternidad que vayan más allá del genuino apoyo e intercambio que nos damos unos a otros los seres humanos.

4. **ADUEÑARNOS DE NUESTRO CUERPO Y DE NUESTRA SEXUALIDAD.** Tenemos todo el derecho de gozar de nuestra sexualidad y del erotismo, así que debemos tener claro que disfrutar no nos hace mujeres «fáciles». Es también fundamental entender que hoy por hoy las mujeres tenemos el derecho a decidir sobre los hijos y a planificar nuestra familia. En pocas palabras: las mujeres debemos adueñarnos de nuestra corporalidad. No sólo se trata de placer o de imposiciones; se trata de conquistar la vida que deseemos tener. La propia historia cuenta cómo en tantas épocas fuimos «moneda de cambio» y se nos asumía como un objeto que podía estar en manos o posesión de otros (padres, esposos, incluso hijos). Hoy nos poseemos a nosotras mismas y es legítimo habitar el propio cuerpo y disfrutarlo sin represión ni culpa. Lo repito: no somos mujeres «fáciles» al gozar de nuestra sexualidad con responsabilidad —hacia nosotras mismas y con los demás—, ni somos egoístas al decidir tener —o no— un hijo no planeado.

5. **EL COMPROMISO CON UNA MISMA.** Es importante ver por una misma antes de atender las necesidades de los demás. Sólo así podremos acompañar y apoyar a los que nos rodean desde la elección y no desde la imposición. Si nosotros actuamos así, lo haremos de manera consciente y madura. La abnegación, el servilismo, las concesiones bajo presión, e incluso la tiranía maternal y conyugal, son formas equivocadas de buscar el reconocimiento, como si por nosotras mismas no mereciéramos un lugar en el mundo. Una persona que no se busca a sí misma, que no satisface sus necesidades y deseos más profundos, poco a poco va decayendo y despojándose de su auténtica humanidad. Esto, en pala-

bras más sencillas, quiere decir que, de tanto estar al pendiente de los demás, nos negamos a nosotras mismas; es como si nos borráramos de nuestro propio mapa, perdiendo un sinfín de posibilidades. Conquistar la autovaloración y el autorreconocimiento es importante no sólo por los roles que jugamos en relación con nuestro *ser para los demás*, sino también por la validación de nuestros propios sueños, por el despliegue de nuestras capacidades, por brindarle atención a nuestros genuinos intereses y la experiencia de vivir desde nuestra propia escala de valores.

6. **LA CONQUISTA EMOCIONAL Y ECONÓMICA.** La autodeterminación (es decir, nuestras propias decisiones) es la clave para reconocernos tan valiosas como libres en cada aspecto de nuestras vidas: «basta que me lo diga yo y que me guste a mí para que algo sea valioso»; en general, basta con poder conmigo misma. La independencia no implica soledad, sino una autosuficiencia que tendrá efectos en la manera en la que nos involucramos sentimentalmente con los demás. La sobresaliente presencia de los hombres en el espacio púbico nos ha limitado a la esfera privada, donde también nos encontramos en desventaja, pues, aunque la administración del hogar es entendida como una actividad propiamente femenina, esta actividad muchas veces depende económicamente de ellos como proveedores, profesionistas y trabajadores, con privilegios adquiridos por el sólo hecho de ser hombres. Desde hace algunas décadas se han abierto brechas de pensamiento y acción que nos brindan oportunidades para ocupar el espacio público con una presencia importante, de modo que nuestra conquista política y económica es cada vez más tangible. Al ser

autosuficientes y abastecernos nosotras mismas o contribuir en asuntos económicos con ellos, ponemos en duda las jerarquías culturales, políticas y sociales que nos han puesto en desventaja suponiendo —consciente o inconscientemente— que no nos podremos sostener si perdemos ese modelo de sociedad patriarcal.

7. **BUENA PARA HABLAR, PERO ¿PARA ACTUAR?** De tanto hablar, pedir, explicar, necesitar que nos escuchen o regresar a los mismos temas y quejarnos, posponemos las acciones que nos van a llevar a lograr cosas diferentes. Actuar implica movernos de nuestra zona de confort, reflexionar sobre esos sitios que, de tan comunes, quizá hayan dejado de descubrir posibilidades ante nuestros ojos. Arriesguémonos a cuestionar nuestros temores y a desafiar nuestros prejuicios, incluso a tolerar cierta culpa por «decepcionar» a un entorno que espera de nosotras algo que no le damos; es decir, debemos dejar de buscar parecer o ser ese ideal femenino tan cansado, desigual y añejo. Para tener nuevos efectos, no tenemos otra opción que realizar nuevas acciones; generemos actos concretos de cambio que nos lleven a lugares diferentes y más cercanos al logro de nuestros objetivos. La conquista de nosotras mismas no puede edificarse meramente de ideas y palabras; necesita el potencial y fuerza de la acción, de la exploración de esta realidad que tanto pide una transformación.

Estos siete puntos clave son el ABC del cambio, el principio para arar nuestro nuevo camino, nuestro destino, y formar una mejor forma de vida. A estas alturas de la vida, de la historia y del modo en que hemos abierto brecha en la igualdad y equidad, que no me digan que «la naturaleza femenina es...» o que «la esencia de la mujer clama...». Como hemos visto, muchas facetas de «lo humano» son producto de la evolución. Lo que antes servía hoy probablemente ya no se use más —como el apéndice y el himen, que hoy de poco sirven—: lo que sirve se usa; lo que no sirve y no molesta ahí está, y lo que no sirve y estorba, con permiso, lo esquivo, lo quito.

Yo, optimista crónica, confío en que estamos en un «estira y afloje», claro, algunas veces con jalones y tropezones, pero con mayor conciencia y mayor responsabilidad de nuestras posibilidades como mujeres. En este momento de conciencia, entonces sí, vamos a encontrar el valor de la convivencia en colaboración, la flexibilidad de roles, la actualización de negociaciones y, sobre todo, el respeto por la verdadera satisfacción que otorga *servir al otro* desde la realización personal, el desarrollo de las propias personalidades y de la genuina entrega, no desde la imposición, el sometimiento, el miedo, la carencia y la opresión. Es tiempo de ser la mujer que quieres y necesitas ser.

CELEBRAR LO MASCULINO Y LO FEMENINO

Vive la différence! Esta exclamación francesa exalta y aprecia lo que hace a cada sexo de forma única y diferente. Sí, hombres y mujeres somos distintos: la etología (o estudio del carácter), las neurociencias, la biología, la psicología, la sociología y los demás saberes lo confirman. Aunque en los mundos reinados por los hombres estas diferencias se han usado para someter y controlar a las mujeres, el intenso trabajo de equidad logrado en los últimos años busca que exista un trato justo, equilibrado y equitativo para ambos sexos.

La cultura de inclusión y no discriminación ha abierto poco a poco nuevas brechas donde lo masculino y lo femenino se integran. Así, los roles de género van cambiando, de tal modo que, junto con las transformaciones sociales y culturales, lo que un hombre o una mujer deben ser o hacer ya no es lo mismo que antes. De esta forma, podemos ver que cada vez más hombres se involucran en las labores del hogar y se interesan por la crianza de los hijos; gracias a estas actividades, desarrollan una mejor capacidad de expresar más y mejor sus emociones. Igualmente, hoy más mujeres se enfrentan a tareas que en otros tiempos habrían sido consideradas «puramente masculinas». Eso a la mujer le otorgó independencia y le permitió asumir el rol de proveedora familiar.

Esta búsqueda de equidad nos ha llevado a un lento pero sostenido avance en cuanto al posicionamiento de la mujer en la vida pública y al derecho a elegir su propio destino; sin embargo, al mismo tiempo nos ha llevado a cuestionar y replantear los roles tradicionales de género: ¿qué le corresponde al hombre o a la mujer? Esta interrogante nos ha causado una desorientación generalizada entre hombres y mujeres, así como un desencuentro entre ambos sexos.

No hay duda de que nos gustamos, nos atraemos, nos extrañamos, nos disfrutamos y queremos encontrarnos unas con otros, pero parece que hoy no contamos con las herramientas adecuadas para acortar las distancias que nos separan y entretejer las cualidades que nos atraen y nos complementan para crear intercambios estimulantes y satisfactorios entre nosotros.

Tanto hombres como mujeres procesamos distinto la información que recibimos de la sociedad, de los medios que nos rodean, de la vida cotidiana, que, además, impacta de forma diferente a nuestras emociones, conductas y hasta la forma de tomar decisiones.

Nuestra mente es algo espectacular: es mágica. Dentro de ella hay algo que llamamos neuroplasticidad, que quiere decir que nuestro cerebro es como una plastilina moldeable, por lo que, a través de la práctica de nuevas conductas y pensamientos, se puede moldear para desarrollar nuevo conocimiento y entendimiento de la realidad. Por eso, mediante cuestionar los estereotipos de género, cambiar nuestras creencias de lo que es ser hombre y ser mujer, además de practicar nuevas conductas en nuestra vida cotidiana, podemos comprender al otro sexo e intercambiar perspectivas sin pretender desterrar las valiosas diferencias.

¿Cómo integrar las diferencias para comunicarnos mejor sin minimizar ni al hombre ni a la mujer? He aquí el truco o, mejor dicho, el factor de crecimiento para todos y todas.

La inteligencia de género: ¡adiós a los patanes y a las «princesas»!

Durante décadas se pensó que los elementos clave de la inteligencia —medidos por el coeficiente intelectual— eran ciertas habilidades como entender el espacio y sus objetos, la lógica, nuestras habilidades verbales y la comprensión del significado de diversas cosas, palabras o situaciones, pero desde hace tiempo la ciencia también se ha adentrado en el estudio de la inteligencia emocional y la inteligencia social. Si sumamos todas estas inteligencias, el resultado es diferente para entendernos.

Bárbara Annis, experta en género, en su libro *Inteligencia de género*, nos dio un aporte muy importante sobre la suma de esas habilidades y conocimientos, pero, sobre todo, acerca de la «inteligencia de género», un concepto nuevo que se refiere a la comprensión y aprecio de las actitudes y comportamientos que distinguen a los hombres y a las mujeres, lo cual va más allá de las diferencias sexuales y culturales que he mencionado a lo largo del libro.

Conocer cómo y por qué los hombres y las mujeres pensamos y actuamos como lo hacemos nos permite comprendernos a nivel personal y en nuestras relaciones. También nos ayuda a mejorar y potenciar las formas de colaboración entre ambos.

La inteligencia de género asume con curiosidad y apertura que los cerebros de hombres y mujeres presentan ciertas diferencias, pero que unidas favorecen la comprensión de uno mismo, del mundo, de las relaciones y de la vida en general.

Barbara Annis señala que tanto hombres como mujeres con altos coeficientes intelectuales no son necesariamente quienes más progresan en sus trabajos y en la resolución de los desafíos básicos de la vida: su forma de pensar, actuar, así como el uso que hacen de la comunicación, los limita para lograr los resultados que buscan tanto en su vida privada como en su vida laboral y social.

El gran secreto del éxito se encuentra en combinar y sumar esas diferencias de género desde la igualdad en vez de convertir la vida en un campo de batalla, generando así un territorio de comprensión y colaboración.

La ciencia que estudia las diferencias del cerebro masculino y femenino

Los descubrimientos de las neurociencias en los últimos 30 años muestran diferencias biológicas en las estructuras cerebrales y en la química tanto de hombres como de mujeres, que se dan en áreas que involucran el lenguaje, la memoria, las emociones, la visión, la escucha y la orientación, básicamente. Estas variaciones influyen en las distintas formas en que hombres y mujeres se comunican, integran información, escuchan, resuelven problemas, toman decisiones, lideran equipos y manejan el estrés.

Si bien hemos dicho que sin duda la educación y la crianza condicionan los comportamientos de los sexos, no podemos negar que la presencia o ausencia de hormonas tiene la misma importancia que los cromosomas XX o XY al determinar el sexo de un feto. Las hormonas sexuales trabajan en el cerebro y en el sistema nervioso del embrión generando estructuras o «conexiones» que diferencian a hombres y mujeres, con un influjo bioquímico distinto en ambos.

Generalmente las mayores competencias de los hombres se centran en el hemisferio izquierdo del cerebro, donde se desarrollan principalmente habilidades como la abstracción, las matemáticas y el cálculo, etcétera; digamos que esta parte del cerebro los ayuda a captar el panorama completo o las generalidades de los hechos.

Las mujeres tendemos a usar ambos hemisferios simultáneamente en tanto que nuestros cerebros tienen mayores conexiones neuronales. Aun así, tenemos más desarrollado el hemisferio derecho, que es donde se encuentran las habilidades verbales y lingüísticas, así como la asimilación de información práctica, con la cual se almacenan y recuerdan detalles muy puntuales.

Estas diferencias, que tanto han recalcado los medios, los libros, los discursos sociales, tienen una fórmula muy sencilla: cada uno procesa la información y construye sus pensamientos desde puntos de vista distintos.

Cuando las mujeres pensamos, recolectamos más información del entorno y la acomodamos en pensamientos más complejos. Relacionamos más las diversas informaciones; por lo tanto, sopesamos más variantes

antes de tomar una decisión. Las mujeres tenemos un pensamiento más holístico (que suma las partes de todo el panorama) y contextualizado (que se ubica en las características del entorno), por lo cual hacemos redes de datos; esto nos facilita generar deducciones lineales.

Los hombres, por su parte, se enfocan más en un asunto en particular, omiten información extra y se mueven paso a paso hacia la meta de manera secuencial. Además, los hombres tienden a ser más transaccionales en sus interacciones (dan algo para recibir algo a cambio), mientras que las mujeres tienden a ser más interactivas (sostienen relaciones y alianzas extendidas y vitales).

Las mujeres se inclinan más por trabajar de manera participativa (colaborando, compartiendo información, encontrando conexiones en sus ideas y acciones), mientras que los hombres crean grupos más competitivos, desafiando y evaluando las ideas de unos y otros para encontrar de forma eficiente el mejor curso de acción.

En la resolución de problemas, los hombres son más deductivos (usan información lineal y probada al tiempo que toman más riesgos), mientras que las mujeres son más inductivas en su razonamiento (pueden ver una solución, pero, con más frecuencia que los hombres, integran diferentes puntos de vista antes de actuar para elegir las mejores opciones).

Ambas formas de pensar son buenas, ninguna es mejor que otra; las ventajas y desventajas de cada una dependen de las situaciones que se tienen que afrontar: a veces las soluciones jerárquicas y centralizadas son necesarias, mientras que en algunas situaciones la deliberación y la consideración de las opiniones da muy buenos resultados. Ambas maneras de abordar la realidad se complementan tanto en la vida privada como en el desempeño de tareas públicas y profesionales; por eso, entendernos desde nuestras fortalezas distintas nos permite aumentar la lente con que observamos el mundo, apreciar más la conducta del otro, aprender de ella y lograr una mejor empatía y relación. Estas diferencias, aunque son «sutiles», hacen distinciones a la hora de unirlas para resolver problemas, educar hijos, iniciar proyectos y echar a andar negocios.

La inteligencia de género nos ayuda a comprender y a dialogar mejor tanto con hombres como con mujeres, además de que nos motiva a incluir y valorar el intercambio con el sexo opuesto. Aprender de las diferencias nos deja ver cómo a lo largo de la evolución humana gracias a ellas fue posible nuestra sobrevivencia como especie. Hoy nos habla de que podemos convivir, colaborar, apreciarnos y aprender. La equidad no se trata de pensar y de actuar igual, pero sí de encontrar y valorar el complemento de nuestras diferencias; por eso la inteligencia de género no es un tema de uno u otro género: es un tema de hombres y mujeres por igual.

Más allá de los sexos

Que los cerebros de hombres y mujeres no sean iguales no puede llevarnos a conclusiones en cuanto a quién es mejor o peor, y menos aún al menosprecio o exaltación de unos sobre otros. Estas diferencias físicas y mentales no tienen nada que ver con las distinciones culturales que ha hecho el patriarcado, menospreciando lo femenino en relación con lo masculino; por el contrario, las diferencias generan intercambios creativos y colaborativos a favor de todos los que se disponen a conocerlas y aprovecharlas.

Lo que necesitamos —reitero— es cambiar la cultura opresiva por la cual la mayoría de los espacios de trabajo, estudio e, incluso, en la vida privada se ha establecido desde una mentalidad patriarcal que da más privilegios a los hombres que a las mujeres.

Hombres y mujeres hemos sido forzados a aprender, actuar y promover una gran cantidad de estereotipos que incluyen conductas rígidas para cada sexo: desde ser excelentes proveedores, galantes conquistadores, hasta doncellas necesitadas de un salvador y dispuestas a dar la vida por él. Trabajar por una sociedad equitativa nos quita una carga terrible a hombres y mujeres y nos permite sumar nuestras diferencias para crear, con base en ellas, fortalezas.

Lo que sí se debe hacer

Tratando de no caer en lugares comunes, trillados y poco útiles, así como tomando en cuenta todo lo expuesto en este capítulo, daré cabida a consideraciones que nos van a permitir cuestionar creencias ancestrales sobre hombres y mujeres, así como a usar mejor nuestra empatía. Considerar cada uno de los planteamientos expuestos a continuación nos facilitará un acercamiento al otro sexo a través de acciones concretas, desde el respeto y el entendimiento mutuo, con el objetivo de que, a través de él, sea posible promover un encuentro más rico y constructivo para todos nosotros.

Lo que a nosotras nos sirve conocer para comprenderlos mejor...

Muchas mujeres, tras largos años de abuso, sometimiento e, incluso, de opresión ancestral, estamos excesivamente enojadas y resentidas, así que nos negamos a entender lo que los hombres viven y sufren. No está de más aplicar estos nueve consejos para identificar a través de ellos la forma en que los hombres piensan, desean, evalúan y viven.

1.

CONSEJOS PARA COMPRENDER
A LOS HOMBRES

1. **ASUME QUE SU PENSAMIENTO ES MÁS CONCRETO Y LINEAL.** Que a nosotras se nos facilite brincar de un tema a otro, «darle la vuelta» a los asuntos, ir y venir en las charlas no significa que los hombres lo puedan o lo tengan que hacer igual. Es muy común que las mujeres ya estemos pensando en un tercer tema a toda velocidad, mientras que el hombre captura la información de otra manera. Veamos: en general, un varón tiene menos capacidad de poner atención a detalles, se le facilita más hacer una cosa a la vez y prefiere llegar a conclusiones prácticas en las conversaciones. Por tanto, cuando tengas algo que decirle, asegúrate de precisar el tema y de explicar lo que pretendes con el diálogo. Entender el objetivo de la charla es importante para él y le permite ubicarse en el contexto de la conversación. Intenta hablar con las palabras indispensables, con hechos concretos y mediante frases cortas de preferencia. Haz referencia a la situación presente y particular, deja las dilucidaciones para una café con alguna amiga.

    Si son varios los temas que te interesa manejar con él, elige tratar un punto a la vez, haciendo las distinciones necesarias y dejando los tiempos precisos entre un tema y otro. Darle la vuelta a las cosas, pasar de un tema a otro, mezclar eventos del pasado con temores del futuro e incluir opiniones de los vecinos confunde a los hombres y les impide atrapar el mensaje que les quieres dar.

2. **OBSERVA SUS ACCIONES Y NO SÓLO SUS PALABRAS.**
Las mujeres nos comunicamos con palabras, pues tenemos una particular capacidad para articular nuestro pensar y sentir mediante el lenguaje verbal. Los hombres lo hacen mejor a través de actos. En general, ellos se comunican menos verbalmente, así que, cuando hablan, lo hacen de manera concreta y con una menor tonalidad emocional. De hecho, es muy común la frase de que las mujeres hablamos más, lo que sería más preciso decir es que nos comunicamos de maneras distintas. A diferencia del lenguaje femenino —más abstracto y vinculado a los sentimientos—, el lenguaje masculino prefiere temas concretos relacionados con el mundo externo y el funcionamiento de las cosas. Desesperarte ante esta manera de expresión masculina y exigirle explicaciones constantes y diálogos sostenidos sería menospreciar su lenguaje no verbal.

Por eso es importante observar las acciones que realiza: reconócelas y valídalas ante él como algo importante para ti; recíbelas comprendiendo que quizás no se le facilita articular lo que quiere expresarte con palabras, pero que demuestra su cariño, agradecimiento y aprecio mediante actos que sean de consideración y provecho para ti. Esto no significa que claudiques a las necesarias conversaciones para dialogar con él, sino que comprendas que el uso masculino del lenguaje es diferente en tono, forma, duración y emociones. Por eso, si te dice que te quiere una vez, para él puede ser suficiente: puedes pedir que te lo repita, pero le parecerá quizás innecesario en tanto que ya lo dijo y eso significó algo suficiente.

Los varones tienen un trabajo arduo por hacer: en la medida en que encuentren las formas de relacionarse mejor con sus afectos, tendrán mucho más que expresar a través de las palabras sin sentirse por eso menos hombres.

Es importante también valorar el silencio masculino: si bien en ocasiones es un silencio que deja a los hombres solos con sus sufrimientos y a nosotras con una sensación de desconexión respecto de ellos, existe otro silencio que es inherente a su masculinidad, ese que va acompañado de actos conmovedores y acciones solidarias. Señálalo como algo que validas también.

3. **VALORA SUS LOGROS MÁS ALLÁ DE SU DINERO.** Un hombre tiende a estar más enfocado en metas y plantea estrategias concretas para ir a la «caza» de las mismas. Desde que el hombre fue evolucionando como especie, los varones han estado condicionados a conquistar estatus y poder con el fin de «defender su territorio»; se les valora en tanto que son proveedores, protectores, procreadores y autosuficientes. Aunque han modificado conductas integrando las emociones y las relaciones personales, valorar sus esfuerzos y sus logros, así como mostrar genuino reconocimiento por sus éxitos, confirma su suficiencia y su valía personal. Recuerda además que ellos tienden a organizar la información enfocados en la conquista de metas y que a todos, seamos hombres y mujeres, nos gusta ser reconocidos en nuestros logros.

No sobra considerar que con los recientes cambios de roles sociales entre hombres y mujeres, así como con las demandas aguerridas del mercado laboral, los varones viven bajo la constante exigencia de «saberlo todo» y «arreglarlo todo» (ideal que nadie puede alcanzar), bajo el riesgo de sentir que, de no lograrlo, perderán su valor y nuestro respeto. Por eso, es importante ser cautas en una sobreexigencia hacia ellos que llega a alienarlos y a hacerles sentir que su valor depende de lo que tienen y no de lo que son.

Muchas mujeres hoy, a pesar de tener una autonomía económica, no estamos dispuestas a perder privilegios en ese sentido y dejamos sobre los hombros de los hombres toda la responsabilidad monetaria; es común escuchar a mujeres que afirman: «mi dinero es mío; el suyo es de los dos». Muchos hombres se quejan de que sólo hablamos con ellos para pedirles dinero: la sobreexigencia económica y el logro de las demandas materiales que muchos hombres enfrentan les quitan, además, energía que bien pueden invertir en los detalles relacionales y afectivos que para nosotras como mujeres tienen muchísimo valor. Acompañémoslos, con acciones además de palabras, en la búsqueda de este equilibrio también. Este ejercicio será interesante, pues nuestro cerebro comenzará a reunir nuevos conocimientos y a comprender otras acciones.

4. **SUS EMOCIONES BAILAN DISTINTO.** Las mujeres tendemos a ser emocionalmente más hábiles; reconocemos e integramos en nuestro mundo afectivo diversidad de sentimientos y emociones; somos más expresivas, empáticas y sensibles al mundo afectivo que los hombres. Esto se debe a mecanismos diversos que van desde la biología hasta el entrenamiento social. A los hombres, a lo largo de la historia, se les ha pedido autocontrol emocional, aparentar «fuerza» y silenciar sus sentimientos aún en situaciones en que experimentan fragilidad. En general, a ellos no se les da permiso de sentir miedo o vulnerabilidad; tampoco se les permite llorar ni expresar otros sentimientos «femeninos»; por eso se desconectan de sus afectos o los esconden, lo cual provoca efectos costosos para su salud física y mental.

El enojo es la emoción más permitida —incluso promovida— en ellos y en ocasiones la usan en relación con lo que viven. Generalmente, tras ella esconden miedo, tristeza, culpa, vergüenza o humillación que no saben ni pueden expresar.

La comunicación con ellos se verá favorecida si como mujeres no menospreciamos ni ridiculizamos su manera sencilla de demostrar emociones simples, al tiempo que les ayudamos a tomar consciencia cuando usan el enojo como forma de no contactar con un sentimiento más profundo. De manera empática, podemos también alentarlos —a través del diálogo— a reconocer lo que están experimentando, así como a hacer matices y distinciones respecto a sus vivencias afectivas. Mostrar nuestro interés por lo que sienten y no sólo por lo que piensan es alentarlos a reconectar con ellos mismos para conectarse con nosotras también.

Esta sutil y respetuosa intervención de nuestra parte les permitirá temer menos a diversos sentimientos y a aprender de nuestro modelo afectivo la forma de bucear en su propio mundo emocional. Pero ¡ojo!: no abusemos de «sensiblerías infantiles» que muchas mujeres usan a manera de chantaje y manipulación ante la dificultad de legitimar tanto lo que necesitamos como lo queremos ante ellos y ante los demás.

5. **DE LA CAMA AL CORAZÓN.** Los hombres tienden a ser más sexuales que las mujeres por una simple y sencilla razón: la constitución hormonal. Algunos sufren un poco al pensar que, para ser verdaderos hombres, «aquello» que está debajo de su cintura ha de responder de inmediato cada vez que se requiera. Esta creencia da origen al mito de que en el sexo los hombres «siempre quieren y siempre

pueden». En el área sexual las ideas de «producir y rendir» también están presentes como exigencias masculinas; estas arraigadas creencias hacen que los hombres teman recónditamente el no querer o el no poder tener sexo. Desde esta perspectiva, las disfunciones sexuales pueden ser una silenciosa forma en la que el cuerpo masculino se rebela por no tomar en cuenta lo que siente: «no estoy enamorado de esa mujer», «no me siento bien en esta relación", por ejemplo.

Aceptemos que los hombres tienen también el derecho de decir no en lo sexual: «así no puedo, eso no lo quiero», reconociendo previamente sus auténticos deseos, capacidades, y necesidades. Poder hablar de sexo con ellos, externar nuestras necesidades y entender sus «subes y bajas» en el tema del deseo y la potencia es también un camino para generar relaciones más horizontales y bajar en ellos la ansiedad de desempeño ante la expectativa de siempre tener que «dar el ancho».

Si bien los hombres responden más a estímulos visuales que emocionales en general, también para ellos el buen sexo es más que genitalidad: los sentidos —la piel, el olfato y el gusto— participan en la sexualidad, de ahí la importancia de compartir con ellos la integración de su sensibilidad. Acompañarlos a través de conversaciones cuidadosas y estimulantes, e incluir el sentimiento en la cama son buenos afrodisíacos.

Pero, cuidado: no siempre el buen sexo tiene que ir acompañado tanto de preámbulos como de preparaciones eternas y enigmáticas; hay cosas que también se pueden hablar y resolver después de un buen «acostón». Comprendamos que para ellos la intimidad se facilita en el contacto cuerpo a cuerpo: como mujeres hemos de integrar la posibilidad de que, soltándonos sexualmente, también podemos abrir la puerta a la comunicación. Si bien los varones hoy tienen que estar preparados para asumir la potencia sexual femenina que se ha liberado en los últimos tiempos, nosotras hemos de disponernos a reconocer que la cama, sin semanas previas de preparación afectiva también, es un vehículo para la intimidad y la conexión.

6. **¿QUE NO SE COMPROMETEN?** Las mujeres tenemos una noción del compromiso que se vincula con nuestra formación orientada a la maternidad, al cuidado a los demás y a la importancia de privilegiar las relaciones (mandatos que estamos cuestionando y eligiendo cada vez más). A partir de esta mirada, les exigimos a los hombres que se comprometan sin precisar en qué consiste el compromiso para ellos; las mujeres consideramos que ellos no se comprometen porque no quieren una relación matrimonial, una convivencia domiciliaria, hacerse cargo de proveer todo lo económico o de replicar roles estereotipados de género actuando como «el príncipe» que conquista, protege y concede los deseos de su «princesa».

Cuando un hombre cuestiona sus propias necesidades, conecta sus deseos, su sensibilidad profunda, y plantea un tipo de acercamiento o relación diferente a las relaciones tradicionales, hemos de poder conversar con él sobre lo que teme, qué costos ha pagado por ser el hombre que otras esperan que sea, y cuestionarnos a nosotras mismas si lo que nos ofrece genuinamente es algo valioso, justo y posible de consensuar con él. Pretender llevarlos al acuerdo que nosotras consideramos «un compromiso de verdad» es atentar contra el legítimo deseo que tienen de construirse a sí mismos y comprometerse con sus anhelos, necesidades, intereses y valores más profundos. Por eso, no asumas a qué debe comprometerse un hombre; mejor pregúntale: «¿en qué consiste el compromiso para ti?».

7. **VALIDA Y RESPETA LAS ÁREAS DE SU VIDA QUE IMPLICAN ACCIÓN Y FUERZA.** A lo largo de los años, los hombres han sido más aventureros, activos y, en cierto sentido, arriesgados y bruscos; si bien esto tiene que ver con un entrenamiento ancestral que tiende a prepararlos para exponerse ante los peligros y a tomar decisiones importantes, también sabemos que a los cuatro años, aproximadamente, el nivel de testosterona se duplica en los niños, lo cual los hace más rudos, toscos, y provoca que busquen juegos más activos que las niñas. Por todo esto, aunado a sus habilidades, a su velocidad y fuerza, los temas del juego, la acción, la fuerza física y la competencia son medios de contacto, disfrute y expresión con el fin de desahogar energía, crear camaradería con otros varones y no tener la necesidad de filtrar la comunicación a través de las palabras. Esto no significa que las mujeres no podamos desarrollar una fuerza física y una actividad sostenida competitiva. Gracias a que hoy existen espacios para su práctica, se ha demostrado, a través de muchos estudios, el sorprendente rendimiento femenino en temas deportivos.

Por lo tanto, debemos reconocer, respetar y no invadir los espacios —sean deportivos o bien *hobbies* de otro tipo que requieran de un espacio propio— que facilitan un intercambio comunicativo, sin reclamos y señalamientos ante su orientación a la acción.

8. **PÍDELE CONSEJOS CONCRETOS.** Los hombres tienden a ser resolutivos, prácticos, directos, concisos, lineales, objetivos e inclinados a la consecución de logros. A veces como mujeres «vamos y venimos» ante situaciones que, aunque tienen alguna carga emocional, requieren de pasos concretos para ser resueltas.

   La comunicación con un hombre fluye bastante bien si ante algún tropiezo, duda o conflicto que estés atravesando, le pides su opinión y consejo para resolverlo. No significa que tengas que hacer exactamente lo que te dice, pero toma en cuenta que su mirada concreta y resolutiva te dará una perspectiva estratégica y práctica que pondrá foco e intensidad a la solución del problema.

   Sobra decir que, para un varón, sentirse útil y reconocido le da una buena dosis de la anhelada admiración.

9. **RETÍRATE DE CONVERSACIONES VIOLENTAS.** Desde los chistes machistas, los «piropos» soeces, hasta el maltrato emocional y físico, la violencia ha de ser visibilizada, nombrada y denunciada para detener el abuso y la falta de equidad entre hombres y mujeres. No ayudamos a los varones cuando permitimos que se dirijan a nosotras con agresiones, humillaciones, ridiculizaciones o menosprecio. Permitir una comunicación de este tipo hacia nosotras desembocará en un monólogo machista que no sólo pondrá en riesgo nuestra integridad física y emocional, sino que nos colocará en una escalada de agresiones en el intento de una defensa mal entendida.

   Cuando una conversación con un hombre adquiera tonos de control, sometimiento y desacreditación desde un lugar de prepotencia y abuso de

privilegios, ¡retírate! Y si la amenaza es mayor, no dudes en pedir ayuda.

Siempre podemos buscar formas de negociación, acuerdos consensuados o simplemente desacuerdos aceptados, pero este caminar requiere basarse en diálogos genuinos y no en «sermones» desacreditadores y prejuiciosos. Dejar claro con los hombres que si la charla se torna violenta te retirarás no sólo te preserva como mujer, sino que da cuenta de la apuesta que haces por los hombres en tanto sujetos indispensables en la transformación de las relaciones entre hombres y mujeres.

Lo que a ellos les sirve saber para comprendernos mejor....

Muchos hombres, tras largos años de privilegios patriarcales y educación machista, están confundidos, desorientados y deseosos de cuestionar su lugar de poder para poder mostrarse vulnerables y limitados, para, al mismo tiempo, acercarse a las mujeres desde una genuina curiosidad y postura de igualdad. Los hombres también sufren los efectos de un sistema que, mientras los posiciona con ventajas, los acota a una serie de comportamientos que no incluyen toda su humanidad. Más adelante hablaré de una nueva masculinidad que acorta la distancia entre los sexos y que favorece el crecimiento de los varones; por ahora me limito a compartir estos nueve consejos para acercarse a las mujeres y comprender, a través de cada uno de ellos, su forma de pensar, desear, evaluar y vivir. Puedes compartirlo con tus amigos, pareja u hombres cercanos para fomentar un mejor entendimiento.

CONSEJOS PARA COMPRENDER
A LAS MUJERES

1. **ANTES DE HABLAR... ¡ESCUCHA, ESCUCHA Y ESCUCHA!** Las mujeres hablamos más; nuestro cerebro nos lo facilita: tenemos una particular capacidad verbal para articular nuestro pensar y sentir a través de las palabras. Nos gusta incluso pensar en voz alta, ir y venir dentro de nuestra cabeza. No siempre queremos llegar a conclusiones concretas ni a respuestas precisas: puede interesarnos sólo compartir, deliberar, darle vueltas a los asuntos, repensar las cosas y recrear las vivencias. Desesperarte ante esta manera de expresión femenina sería acortar las posibilidades de diálogo con nosotras.

   Sólo desde una escucha atenta y oportuna sabrás qué preguntas hacer a las mujeres, de modo que se sientan acompañadas y entendidas en la conversación. Sólo desde una curiosa atención accederás a ópticas que seguramente te serían invisibles desde tu pensar.

   Para ellas, conversar y relatar no implica que siempre tu compañera necesite resolver un problema o recibir consejos, así que simplemente danza —con genuina intriga e interés— en la charla con ella. Hablar más que de soluciones, de dilemas, conflictos, vericuetos de la realidad y las experiencias es algo que a las mujeres se les facilita y las lleva a determinar paso a paso qué postura asumir ante lo que enfrentan. Esta práctica, además de entrenar tu pensamiento concreto y lineal a una forma más holística de percibir la realidad, permitirá que ella perciba tu interés y tu atención, lo cual de sobra favorece la mutua conexión.

2. **VALIDA LAS ÁREAS DE SU VIDA QUE NO TIENEN QUE VER CON LOS ROLES DE MADRE, ESPOSA Y «COMPARSA ANQUILOSADA» DE LOS HOMBRES.** Aunque algunas mujeres del siglo XXI necesitan, pueden, quieren o siguen asumiendo roles tradicionalmente femeninos, gustan de ser reconocidas no sólo por su servicio y cuidado a los demás. Si muestras reconocimiento y respeto por áreas de su vida relacionadas con su trabajo, algún *hobbie*, sus intereses políticos, sus relaciones sociales, das cuenta de tu capacidad de relacionarte con una mujer adulta integral y no con un estereotipo femenino que valida sólo la capacidad de las mujeres de estar por y para los demás.

   No minimices los esfuerzos y logros de una mujer en áreas que salen de lo reproductivo y lo doméstico; recuerda que para una mujer abrirse paso en una sociedad patriarcal es un reto complejo, aun en plena posmodernidad. Cualquier mujer que esté construyendo una identidad propia a través de la satisfacción de sus necesidades, la legitimización de sus deseos, el despliegue de sus intereses y la expresión de sus valores se sentirá valorada y respetada al ser reconocida en los proyectos que integran las diversas áreas de su vida.

3. **BUCEA EN SU MUNDO EMOCIONAL.** Las mujeres tienden a ser emocionalmente más expresivas que los hombres debido a mecanismos diversos que van desde la biología hasta el entrenamiento social. Su capacidad para distinguir de manera precisa emociones les permite con mayor facilidad interpretar expresiones faciales y estímulos multisensoriales que se relacionan con el mundo afectivo, de ahí la importancia de que no minimices esta forma de expresividad considerándola cursi, sub-

jetiva o hasta hormonal, haciéndola a un lado en el intercambio con ellas y priorizando la información puntal que ofrece datos precisos y hechos concretos nada más. Intentar que perciba diferente o que no sienta es invalidar una forma de conocimiento y de relacionarse con el mundo y con las personas, ofreciendo nuevas miradas y facilitando la construcción de vínculos.

Así, una tarea masculina es temer menos a los afectos y aprender a bucear en el mundo emocional femenino, indagando de qué se trata, cómo opera. Algo que te puede ser de gran utilidad es que propositivamente generes eventos con contenidos emocionales para estimular la atención femenina y permanecer en su memoria. ¡Ojo, conectarse desde lo emocional motiva su interés! Sobra decir que sentirse amada le da combustible para interesarse en el sexo, el erotismo y amor.

No es tarea menor, de pasadita, que amplíes tu abanico emocional, herramienta valiosa para lograr una conexión con ella y con el mundo que te rodea. Por eso, saber qué siente y no sólo lo que piensa es de gran valor. La mujer responde más a los estímulos emocionales que a los físicos.

4. **ENRIQUÉCETE DE SU INTELECTO.** Que las mujeres seamos más emocionales no significa que seamos menos inteligentes. La inteligencia femenina percibe la vida y aborda los problemas de forma panorámica: hace más asociaciones e integra diversos elementos. Al integrar más puntos a la vez, en una inteligencia menos lineal y más inclusiva, sus planteamientos pueden enriquecer tus puntos de vista y ampliar tu percepción de la realidad.

Pregunta con interés por los matices, colores, perspectivas que ella te ofrece: su mirada incorpo-

ra más experiencias, incluye información variada e integra insumos diversos. No desacredites aquello que es ajeno a tu inteligencia: ¡suma con la inteligencia de ella! Y aumenta tus posibilidades de construir un intercambio hombre-mujer enriquecedor y desafiante para ambos. Recuerda que no sólo importa lo que comunicas, sino cómo lo transmites.

5. **VALORA LA RELACIÓN POR LA RELACIÓN MISMA.** Las mujeres sin duda tenemos objetivos claros en la vida y nos damos a la tarea de lograrlos: tanto en las diversas áreas de nuestra vida como en nuestras relaciones personales y de pareja. Si bien las mujeres nos emparejamos con el fin de cristalizar deseos, sueños y valores —tener una familia, sentirnos amadas, compartir nuestras actividades, disfrutar de la compañía del otro, desarrollar un proyecto común—, damos un valor particular a la relación amorosa por la relación misma. ¿Qué significa esto? Que damos mucha importancia no sólo al logro de nuestros propósitos en la vida de pareja, sino que disfrutamos y procuramos de manera particular y cuidadosa nuestras relaciones con las otras personas, la forma en que se cultiva el amor, el espacio que se le da a los encuentros, el tiempo que se toma para hablar de «nosotros» y la búsqueda de caminos para reparar errores o mejorar actitudes. No todo tiene que estar muy mal o muy bien para sentir interés por la relación misma. No todos los intercambios deben tener una meta particular: la relación misma es el objetivo en sí.

A las mujeres —insisto— nos interesan los logros, pero disfrutamos mucho el trayecto hacia su consecución, procurando un intercambio rico, charlas divertidas, el ir y venir del afecto, así como el cuidado mutuo, debido a que eso satisface nuestra necesidad de saber con más constancia e insistencia cuál es el estado de la relación. No es inseguridad, sino despliegue de nuestra curiosidad y habilidad social que supera en general a la masculina. Insisto entonces que los tiempos, los lugares, las formas, las miradas, los sentimientos son importantes para una mujer a lo largo del camino recorrido.

No menosprecies ciertos detalles relacionales por llegar a la meta final: una mujer puede valorar más el «cómo» que el «qué». ¿A qué sabe un buen orgasmo —si bien es algo muy apreciado— si el proceso para alcanzarlo careció de «sal y pimienta»?

6. **RESPETA SU LIBERTAD SEXUAL Y SU CUERPO.** En un mundo patriarcal y consumista, las mujeres hemos sido no sólo moneda de cambio en transacciones comerciales, sino objetos sexuales para el deleite masculino. Nada hay de malo en desear a una mujer y disfrutar de su atractivo y su belleza, pero exigirle un físico «estereotipado», casi como una modelo, y hacer uso de su cuerpo para el consumo masculino es cosificarla. Abrirnos a un estándar de belleza más democrático liberaría a muchas mujeres de tortuosos tratamientos, de penosos complejos e incluso de graves padecimientos físicos y emocionales. Lo que a los hombres se les condona —una barriga amplia y una cabeza canosa— a las mujeres se les condena. Diversifica tu sentido de la belleza femenina y aprende a mirar aspectos que suman a lo físico, sin que por ello te niegues a gustar de su apariencia, su cuerpo, su aroma y su forma de caminar.

Por otra parte, los hombres han de avanzar hacia una libertad sexual que incluya la libertad sexual femenina: exigirles que sean sexualmente estimulantes y al mismo tiempo exhortarlas a que

no sean «demasiado livianas» es enloquecedor. Si acompañas a una mujer en adueñarse de su cuerpo para su propio placer sin cuestionar ni señalar sus recorridos, el disfrute pleno en lo corporal y lo erótico será deliciosamente compartido.

Sin duda, toca a los hombres preparase para la potencia sexual femenina, que, si bien siempre ha sido enigmática, hoy despliega múltiples facetas que antes se desconocían. No te atemorices ante la potencia de ella; conócela, promuévela, aprende y disfrútala.

7. **APRECIA SU FORTALEZA, MÁS QUE SU FUERZA.** Nadie discute que la mayoría de los hombres tiene una talla y peso mayor que la de las mujeres, lo cual los hace por lo general físicamente más fuertes; tampoco debería discutirse la fortaleza de las mujeres en tanto que han cultivado una particular valentía y aplomo a lo largo de los años.

Requerir que una mujer se muestre dócil, ingenua, débil, a pesar de su fortaleza, experiencia e inteligencia, denota más una inseguridad masculina, un miedo a la equidad y una sensación de amenaza a la virilidad que una sensata hombría. Las mujeres no necesitamos mostrarnos frágiles para no intimidar ni generar impotencia —emocional y física— en nuestras parejas: somos vulnerables como ustedes, así que requerimos de su protección y acompañamiento, pero para eso no necesitamos disimular nuestra valentía y solidez.

Infantilizar, sobreproteger, banalizar la fortaleza femenina lleva a una diferencia entre hombres y mujeres que termina siendo desencantadora y aburrida para ambos. ¿Quieres una hija o una pareja?

8. **FESTEJA SU INDEPENDENCIA ECONÓMICA.** Sin duda la dependencia económica de las mujeres, al tiempo que genera una carga en los varones, les da control también. Hay hombres que no pueden tolerar que una mujer gane más que ellos y se alejan, o bien ante su «deficiencia» pretenden manejar las finanzas femeninas para mostrar su autoridad. Así, el tema de lo económico puede generar en los varones desde una sensación de incompetencia como proveedor, hasta el deseo de tomar ventaja tras años de cargar con el paquete solos.

   Si bien las mujeres que trabajan en general tienen salarios más bajos, muchas han logrado grandes conquistas económicas que favorecen su posicionamiento y su autonomía emocional y social. Los costos emocionales ante la imposibilidad de llegar a negociaciones justas han sido altos. Favorecer nuevos acuerdos en cuanto al manejo del dinero, dejar de competir en lo económico, plantear intercambios justos con base en lo que cada uno gana son tareas masculinas fundamentales en la actualidad. No necesitas ser más rico, más alto o más famoso para gustarle a una mujer: respetar y fomentar su libertad económica —sin menospreciarte ni aprovecharte— da cuenta de tu madurez emocional.

9. **NO A LA VIOLENCIA.** Lo que escribí para las mujeres lo repito para los hombres: desde los chistes machistas, los «piropos» soeces, hasta el maltrato emocional y físico, la violencia debe ser visibilizada, nombrada, así como denunciada, para detener tanto el abuso como la falta de equidad entre hombres y mujeres. Tu papel de hombre es central en esta tarea. Muchas mujeres siguen minimizando —si no es que justificando y favoreciendo— los privilegios masculinos como si no se debiera señalar un límite.

¡No tomes ventaja de esto! Sin duda una sociedad patriarcal tiene costos para ti también.

No basta con no participar: hay que construir espacios que favorezcan la toma de conciencia, señalar los abusos, apoyar las estrategias de empoderamiento y ser parte de las redes de apoyo que faciliten —paso a pasito pero sostenidamente— dejar atrás una postura de sometimiento de las mujeres ante los hombres.

Pocas cosas resultan tan atractivas a las mujeres y al mismo tiempo tan desafiantes a los propios prejuicios femeninos como un hombre dispuesto a entender y vivir la equidad, a desafiar sus creencias erróneas de hombría, a no ceder ante las tentaciones patriarcales de ser «súper hombres», a defender su genuina masculinidad y a disponerse a un intercambio de pareja construido a la medida para quienes son él y ella hoy.

¿PATANES QUE QUIEREN DEJAR DE SERLO? UNA NUEVA MASCULINIDAD

Por muchos años, el cuestionamiento del género y la igualdad se centró en la construcción de lo femenino, debido a las desventajas que vivían las mujeres en el mundo patriarcal o machista. Pero justo la crítica y el reclamo han llevado recientemente a algunos hombres a cuestionar la construcción de su identidad masculina. Los privilegios que el patriarcado otorga a los hombres no les permite ver los costos sociales que pagan por su distorsionada masculinidad.

Cuestionar lo que significa ser hombre implica analizar la educación que siguen recibiendo: repensar el fomento de la actividad física, el liderazgo, así como la responsabilidad sobre otras personas y la manera en que se fomenta la competencia, la agresividad, la sexualidad como un impulso incontenible, el dominio sobre las mujeres, la fuerza y la transgresión de las normas, el control de las emociones y sentimientos.

Es importante estar conscientes de que una parte importante de nuestros medios —el cine, las redes, la música, etcétera— ayuda a fomentar este tipo de educación e, incluso, de violencia; esta se ejerce de manera constante sobre las mujeres, así como contra otros hombres y contra ellos mismos. En este punto no sobra mencionar que la mayoría de las víctimas del alcohol, cigarro y otras sustancias son varones; además, ellos son los principales protagonistas de los accidentes automovilísticos. Esto se debe a la presión para actuar de una forma valiente, arriesgada e imprudente para demostrar su virilidad, pues, de no caer en ese juego, se pone en duda su masculinidad. Ello se expresa en frases como: «bebe como hombre», «no seas mariquita y maneja más rápido». Con esa misma rudeza, a muchos hombres no se les permite llorar, cuidar de sí mismos, etcétera; esto es una muestra de cómo estas limitaciones se inscriben en una falsa identidad masculina.

Por todo esto, para lograr el cambio que necesitamos hacia el encuentro entre los sexos no basta con mejorar la condición de las mujeres; se necesitan cambiar todas las reglas del juego. El feminismo sirve, pero no es suficiente: falta el acuerdo y la participación de los hombres. Muchos más varones aún desconocen el problema; piensan que es muy difícil entender a las mujeres. Otros tantos, en su desconcierto, se repliegan ante la dificultad de acercarse a ellas, quienes muchas veces envían mensajes contradictorios sobre sus anhelos, necesidades e intereses, e incluso descargan iras ancestrales en blancos inadecuados. Muchos varones están desconcertados, sensibles y abiertos al cambio, pero no encuentran mujeres que puedan lidiar con sus inseguridades y su transición.

Es importante reconocer que, poco a poco, los hombres han dado lugar a una apertura verbal sobre el tema, pero mantienen al mismo tiempo una rigidez en su comportamiento: son muchos los que defienden con la cabeza la igualdad, pero no la practican; con cierta habilidad y un discurso flexible, se empeñan en mantener los viejos mandatos, costos y privilegios. Es común observar cómo algunos de ellos defienden su exención del trabajo doméstico y la igualdad de los derechos de la mujeres.

¿Hay, pues, otras formas posibles de ser hombre en esta sociedad y en esta cultura que no exija pobreza afectiva, abandono de ilusiones, aislamiento emocional, productivismo a destajo, pérdida del contacto real con otros hombres, desencuentro con las mujeres, alarmantes síntomas orgánicos y, finalmente, estrés, desencanto y sobre todo silencio? Veamos.

PARA CONCIENTIZAR Y DESBANCAR AL MACHISMO

Un hombre que sostiene el machismo...

- Es muy competitivo. Está pendiente permanentemente de quién tiene más, quién gana más, quién logra más.

- Fomenta sólo logros individuales. Con tal de alcanzar sus metas, no le importa si pisa a alguien en el camino; lo importante es que él llegue.

- No busca la colaboración ni el éxito comunitario. Es como la analogía de los cangrejos en cubeta: si alguno trata de salir, los demás lo van a jalar impidiendo su salida de la canasta, por lo que para tener éxito hay que imponerse y dejar a los demás atrás.

- El éxito significa estatus y poder.

- Busca organizarse en relaciones de «superior-subordinado». Como superior tiene privilegios y el subordinado le obedece; se posiciona como «dueño» del subordinando, como si eso le diera derecho, además, a tratarlo de cualquier manera.

- Ve el mundo como un lugar de ganadores y perdedores. Por eso desea el poder y justifica cualquier medio para llegar a él.

- Es aceptable y admirable ser agresivo y explotar las debilidades de los otros.

Un hombre que lucha contra el machismo...

- No define su masculinidad ni su valor por patrones culturales, sino por los valores que él escoge.

- No tolera ningún tipo de desigualdad en los sexos.

- Está dispuesto a renunciar a los privilegios de ser hombre que mantienen a la mujer bajo las ideas de subordinación (sueldos más altos, puestos mejores, derecho a decidir o tener el control remoto).

- Busca replantear sus valores, esquemas, mecanismos, conductas y pensamientos de manera muy honesta, emprendiendo un camino de autoconocimiento emocional.

- Comprende que no basta con las palabras y que es necesario apoyar activamente las justas reivindicaciones de las mujeres.

- Ya no acepta continuar con un papel secundario en las labores del hogar y en el cuidado de los hijos. Busca involucrarse de manera igualitaria y directa.

- Está dispuesto a preguntar a las mujeres y está listo para escuchar sus demandas, sus historias y sus puntos de vista, por difícil que sea.

- No dice: «eso no es violencia», «están exagerando», «ahora resulta que todo es violencia». Trata de comprender por qué las mujeres lo viven así y busca desarrollar modos de ser que no impliquen explotación ni abuso.

- Está aprendiendo a no ver a los otros hombres sólo como competidores. Busca establecer con su propio género relaciones cercanas y solidarias.

- No da por hecho que él no es macho. Por el contrario, está pendiente de cuándo está actuando de acuerdo con los patrones culturales con los que creció y ahora busca cambiar.

- Sabe que se requiere de mucho valor para desafiar su historia personal, donde probablemente haya culpas por haber lastimado mujeres. Está consciente de que la única forma de romper estos patrones es asumir la responsabilidad, tratar de reparar el daño y trabajar por el cambio.

- Sabe que una parte importante de su vida es reconocerse vulnerable y expresar lo que siente.

- Es consciente de que una de las trampas del privilegio es creer que tener privilegios conviene. La injusticia no le conviene a nadie.

- Asume al 100% la responsabilidad de parar todo tipo de violencia e intimidaciones que se ejercen contra las mujeres. Las que se cometen en privado y las que se ejercen en los espacios públicos, desde las visibles y explícitas hasta las más sutiles y encubiertas.

En la medida en que más personas, en especial más hombres, compartan estas miradas, la sociedad irá caminando hacia una vida sin patanes, sin abusos, sin violencia. Insisto en decir que cambiar la concepción de lo que es ser hombre no sólo tiene beneficios para las mujeres, sino para los varones también. Por eso la igualdad es un valor de convivencia y un derecho humano. Para llegar a una relación de equidad, ellos (y nosotras, que tenemos aún tan gran injerencia en la educación de los niños) tienen que deconstruir esas conductas y separar la hombría de esos antivalores. **Un hombre educado en la igualdad asume más responsabilidades hacia el cuidado de las demás personas, pero también hacia él mismo; si bien pierde ciertos privilegios machistas, también aumenta su autoestima, favorece su crecimiento personal y mejora la calidad en las relaciones tanto con mujeres como con otros hombres.**

No podemos cambiar las relaciones sociales sin modificar las relaciones íntimas y esto no podrá suceder mientras no cuestionemos la base de nuestra identidad como hombres y mujeres. La equidad requiere redefinir tanto la feminidad como la masculinidad: dejar de considerar a los sexos como opuestos, promover la libertad de adoptar conductas y actitudes del otro género y favorecer la flexibilidad para alternar los roles cuando se desee o se necesite.

Si en este camino aprovechamos la experiencia acumulada por ambos sexos conseguiríamos una oportuna y constructiva complementariedad entre hombres y mujeres, conversaciones más enriquecedoras y encuentros más satisfactorios. Es hora de aprender unos de otros para ampliar los horizontes de todos nosotros como seres humanos y facilitar espacios de encuentro, de intercambio, de erotismo, de genuino amor...

LO QUE HOMBRES Y MUJERES NO QUIEREN ESCUCHAR MÁS...

¿Qué escuchamos en las calles, en las familias, entre amigos y amigas, entre parejas, dicho por hombres y mujeres que hacen de una masculinidad y una feminidad algo empobrecido?

ELLOS

- Los niños no lloran.
- Ese color es de viejas.
- ¿No te gustan los deportes? Entonces, ¿a qué juegas?, ¿a las muñecas?
- Pegas como nena.
- Esas sensiblerías déjalas para tu mamá.
- ¿Todavía eres virgen?
- Te gustan las piñas coladas como a mi abuelita.
- Entre tú y tu novio, ¿quién es el hombre?
- No salgo con chaparros, gracias.
- Juega con las zorras, pero para casarte busca a una dama.
- Te traen de los huevos, güey. ¿Quién manda en esta casa?
- ¡Sé hombre y pártele su madre!
- No te metas con una que gane más, no obedece.
- ¿Vas a dejar que esta vieja te hable así?
- No dejes tan sueltitas a tus hijas...
- Si no traes más de una, no eres hombre.
- ¿Dejas que tu vieja tenga amigos?
- ¡Seguro no se te para!

NOSOTRAS

- ¡Qué mandona!
- Te cela porque te quiere.
- Tú eres la catedral; las otras, sus capillitas
- ¡No seas zorra!
- Calladita te ves más bonita. ¡Deja de llamar la atención!
- Depílate, bonita, que no venimos a tejer sino a coger.
- ¡Sólo es un piropo! No aguantas nada.
- Uy, ya ni los albañiles te chiflan.
- ¿No quieres conmigo? ¿Pues qué te crees tan bonita?
- Seguro estás en tus días...
- No te vistas así que lo provocas.
- ¿No quieres tener hijos? Qué rara...
- ¡Tranquila! ¿Qué eres feminista?
- No adoptaste el apellido de tu marido.
- ¿Vas a dejar a tu hijo en la guardería?
- De joven debiste haber sido muy guapa.
- No le digas que ganas más que él; se va a sentir menos.
- ¡Atiende a tu hombre!
- Seguro te cambió porque te descuidaste; prefirió un nuevo modelito.

La equidad de género es un juego donde todos ganan, pero para empoderar a mujeres es necesario incluir a los hombres. Visibilizar y señalar estas frases que refuerzan estereotipos lastimosos es de interés para todos.

CAPÍTULO 6

LO QUE SÍ
VALE LA PENA

«El requisito del amor duradero es seguir prestando atención a una persona que ya conocemos bien. Prestar atención es, fundamentalmente, todo lo contrario de dar por sentado; dar por sentado es la causa principal de mortalidad de las relaciones amorosas».

SAM KEEN

«Que no le digan, que no le cuenten...»: ¡el amor sí existe!

Más allá de las dificultades amorosas, de los tiempos convulsos que se viven en la actualidad y de los patanes que circulan por todas las avenidas, el amor existe. Además, lo confesemos o no, lo sepamos o lo ignoremos, lo admitamos o no, la gran mayoría de hombres y mujeres estamos inquietos por el rumbo de nuestra vida afectiva. Los que están en pareja lo viven en ocasiones como un mal necesario, con la sospecha de que la felicidad está en otra parte. Los que se encuentran solos creen con frecuencia que el remedio a todas sus inquietudes llegará el día que consigan una pareja, razón por la cual desplazan o postergan todo lo que no se encamine en esa dirección, aunque vayan de desencuentro en desencuentro, culpando siempre al destino, a la mala suerte o a los demás por sus desencantos.

Sí, no podemos negar que el malestar amoroso es una gran epidemia con la que convivimos los ciudadanos del nuevo milenio; hasta parece que llegó el momento de ir desmantelando prejuicios, cuestionando creencias y abriendo nuevas expectativas para habitar con mayor satisfacción el territorio del amor.

Antes las parejas se formaban por muchas razones menos por amor: la sobrevivencia, la reproducción y la producción hacían imperiosa la necesidad de unirse para salir adelante en la vida... no se diga de la situación de las mujeres, quienes sin un hombre a su lado eran casi artículos de segunda y tercera clase, y aun estando con uno eran vehículos para la fertilidad, dictámenes de fidelidad y responsables únicas del cuidado de la casa y de los hijos. Aún se escucha en las calles: «si no tienes novio, ¿qué vas a hacer?». ¡Y qué decir de la gran presión para «realizarnos como mujeres» necesariamente con la maternidad!

Los avances de la vida moderna nos resuelven prácticamente todas las necesidades de sobrevivencia, además de que la progresiva inigualdad entre hombres y mujeres nos facilita alcanzar suficiente autonomía. Ser padre o madre no es ya un imperativo; es una opción, una elección. En consecuencia, podemos vivir solos y ser autosuficientes; sin embargo, muchas veces queremos estar acompañados. Entonces, la relación amorosa hoy implica un intercambio de valores, intereses, deseos y placeres, incluido, por supuesto, el disfrute de la dimensión erótica. La simetría en el tema del poder permite el cuestionamiento mutuo, la confrontación madura, la complementación esperada y, por tanto, el enriquecimiento de ambas partes.

EL MIEDO A ESTAR SOLO

Partamos de una premisa importante: quien busca frenéticamente el amor desde la carencia y la extrema necesidad no lo encuentra; ¡lo espanta!, pues ¿quién quiere liarse con alguien que pide mucho y ofrece poco?, ¿quién quiere ser la muletilla del otro recibiendo naderías a cambio? Muy pocos acceden a involucrarse en relaciones de este tipo y suelen ser quienes están también muy necesitados de afecto. A esto sumemos que el tema de la soledad hace mella en nosotros, pues esta no tiene buena reputación: a los solteros —y más a las solteras— se les mira con sospecha y cierto repudio. En consecuencia, muchas veces preferimos estar mal acompañados que solos, aunque nos la pasemos requetemal. Veamos las causas y consecuencias de este fenómeno.

Vivimos en una sociedad que obvia la vida matrimonial, donde la soledad es sinónimo de anomalía, fracaso, riesgo y sufrimiento. Nosotros, los habitantes del siglo XXI, como efecto de muchos factores —entre ellos la extensión de los años de vida—, inevitablemente vamos a pasar periodos en soledad y periodos en pareja. Por ello, debemos habilitarnos para transitar este «ir y venir» con compañeros o solteros, pero también debemos ser capaces de integrar estas transiciones como parte de la vida: con sus retos, sus dificultades y sus gracias particulares.

Es muy curioso que, aunque vivimos en una era de individualismo, nos da miedo estar solos. En el pasado, la identidad en las sociedades comunitarias se daba a través del grupo, mientras que en la actualidad para conquistar esa autonomía hay que, entre otras cosas, aprender a gozar de la soledad. Sin embargo, ¡oh, realidad!, muchas veces pensamos que no tener pareja es el peor «castigo» del mundo. No nos damos cuenta de que, para conquistarnos, para disfrutar de la vida y de nosotros mismos, hay que hacer de la soledad un espacio de goce, de creatividad, de reflexión, de bienestar y de crecimiento.

¿Qué limita esta conquista?: confundir la soledad con el aislamiento y la desolación. No obstante, no son lo mismo. El aislamiento sí nos priva y excluye del entorno; nos deja un vacío interior. Resulta traumático porque somos seres interdependientes: nos necesitamos unos a otros para satisfacer nuestras necesidades físicas, emocionales, intelectuales y sociales. Vivir aislados lleva a un deterioro, a una muerte, real o existencial. No así la soledad.

La desolación, por su parte, da cuenta de una pérdida irreparable, de una especie de orfandad. Migrar, por ejemplo, de una vida de familia o de pareja a una vida en solitario implica algunos ajustes: transformar los vínculos importantes, hacer acomodos de la rutina, reconocer algunas renuncias y, por supuesto, dar la bienvenida a ciertas ganancias. A lo largo de los cambios que presenta la vida, debemos ser capaces de recuperarnos y adaptarnos; esto no necesariamente implica un estado de melancolía permanente ni una situación de estrés irreparable. La soledad y la desolación no tienen por qué ir de la mano.

¿Por qué la soledad nos enfrenta con nosotros mismos? Es un camino privilegiado que nos facilita la conquista de la autonomía, pues las experiencias individuales son necesarias para ejercer los derechos autónomos y conquistar la libertad. **Cuando estamos** solos, nos pasan cosas interesantes que difícilmente suceden en compañía. Por ejemplo, nuestra actividad intelectual es diferente (hacemos conexiones distintas y unimos ideas fragmentadas); en vez de defender nuestras posturas ante otros, podemos dudar de ellas, cuestionar nuestros esquemas; reconocemos nuestras capacidades e intereses ignorados; replanteamos nuestros valores desafiando prejuicios y abrazando principios; escuchamos nuestros sueños y nuestros deseos que podían parecer imposibles frente a otros; nos afirmamos; superamos la necesidad permanente de aprobación del resto de la gente, y logramos diferenciarnos manteniendo la cercanía-distancia oportuna con los demás. ¡Qué fácil es confundir la fusión —esa necesidad de compañía para sentirnos «uno mismo con el otro»— con los buenos vínculos que permiten la diferencia y la distancia necesaria!

No hay manera de ejercer la libertad sin la capacidad de estar solos. No es que «tengamos» que estar solos, aunque a algunas personas nos gusta buscar un momento y espacio para retirarnos, pero hemos de poder hacerlo, puesto que sin cierta soledad es muy difícil acceder a un encuentro personal y desarrollar la conciencia de uno mismo. En la soledad se puede construir, cultivar e intercambiar con los otros, pero validando lo propio desde la autonomía.

¿Te da miedo la soledad? Tal vez antes de temerle, debes darte la oportunidad de disfrutarla, valorarla y, sobre todo, respetarla. El temor surge siempre ante lo desconocido, ante lo que creemos que nos puede dañar. Siendo así, puedes temer a la soledad porque piensas que es nociva (además de la mala fama que tiene); sin embargo, podrías evitar pasar la vida huyendo de ella si te permites conocer su brillante cara secreta.

Nos quejamos de la soledad, pero invisibilizamos que muchas veces no estamos —ni queremos estar— disponi-

bles para los demás. También podemos vivir la soledad por elección, sin negar por eso la posibilidad de tener pareja. Entonces, tener o no tener pareja deja de ser la clave de la ecuación, puesto que se puede desear tener una relación, pero reconociendo que muchas otras personas son importantes para nosotros más allá del romance. La soledad vivida así es una fuente de plenitud, un medio para librarnos del narcisismo y del culto a los resultados inmediatos (ambos tan característicos de la vida actual), además de un antídoto contra el aislamiento que sin duda nos marchita.

¿ESTAMOS HECHOS PARA VIVIR EN PAREJA?

Es tal la resistencia y el miedo a la soledad que no podemos dejar de preguntarnos si estamos hechos para vivir en pareja. La respuesta es sí y no. Somos, además de seres biológicos, seres culturales y todo lo que experimentamos nos lleva a querer, en mayor o menor grado, una vida compartida. Somos seres sociales sin duda, pero ¿eso implica inevitablemente y en pleno siglo XXI necesitar una pareja para subsistir? No lo parece. Aun así —insisto— en nuestra sociedad se privilegia la vida en pareja; por eso cabe la pregunta: ¿por qué o para qué quiero estar con alguien?

Existen motivos erróneos para emparejarnos, que no llevarán esta decisión a buen puerto. Por mencionar algunos, diré que muchas nos «enganchamos» a alguien para no sentirnos «raras», para darle gusto a alguien más, para tener hijos, para buscar un padre para nuestros hijos, para que alguien nos sostenga económicamente, para tener una vida sexual satisfactoria y segura, para sentirnos completas.

Es común escuchar entre mis conocidos y conocidas que no pueden dejar a su pareja porque tienen miedo a sentirse incompletos porque creen que no resistirían ser un «bicho raro» al no estar con alguien. Sin embargo, hoy la vida de pareja genera sentimientos ambivalentes: queremos sentirnos acompañados, pero al mismo tiempo no deseamos perder libertad; o bien, queremos estar con alguien, pero dudamos que ese alguien sea la mejor elección. Por eso es importante comprender que hoy se pueden experimentar diversos acuerdos (amorosos, amistosos, sexuales o no, solitarios) y que esas posibilidades nos permiten construir amores «a la medida» de nuestras necesidades y momento de vida.

Desmitificar la vida en pareja, particularmente dentro del matrimonio, como única opción válida para vivir el amor es una realidad que se va imponiendo, por lo que valdría la pena que te hicieras algunas preguntas: ¿tengo yo la vocación para estar en pareja?, ¿estoy lista para ella?, ¿tengo claro de qué forma me quiero relacionar?, ¿es mi momento hoy?

Vivir en pareja, hoy más que nunca, es una elección entre varias y por eso es también un área de conocimiento y oportunidad. A veces nos concentramos tanto en buscar una pareja que descuidamos las redes amistosas. A veces también nos entregamos en extremo a la pareja que dejamos de lado nuestra vida personal.

Norma tiene 34 años. Hace ocho meses que terminó una relación de pareja; ella pensaba que su noviazgo terminaría en matrimonio, así que está en un periodo difícil de reconstrucción de la propia vida. Norma es la hija mayor de una familia de cuatro mujeres; si bien sus padres siempre promovieron en ellas la importancia del trabajo y del estudio, su madre nunca tuvo el permiso de su esposo, el padre de Norma, para retomar los estudios que había dejado inconclusos por casarse tempranamente, menos aun para trabajar si no era «ayudándolo» dentro de un pequeño negocio familiar que él mismo dirigía. Norma, desde que era niña, soñaba con casarse y formar su propia familia. Efectivamente, cuando conoció a Federico, su exnovio, a los 24 años, se dedicó a su relación de pareja en «cuerpo y alma». Sin duda, durante la relación terminó su carrera profesional y luego empezó un «negocito» de diseño de artículos de piel, pero muy adaptado a los tiempos de Federico, que empezaba a viajar con frecuencia debido a su puesto laboral. Para ella lo más importante siempre, desde una idea romántica de la vida de pareja, fue prepararse para un matrimonio que tarde o temprano tendría que llegar. Así, descartó la posibilidad de hacer un máster con el fin de estar lista para el siguiente viaje de trabajo con Federico. Lo mismo ocurría con su negocio: vendía entre particulares los productos que diseñaba para no tener que preparar entregas a mayoristas que le ocuparían demasiado tiempo producir. Por otro lado, se asustaba de ver tantos rompimientos amorosos en su entorno; consideró por eso que tenía que compartir mucho más tiempo con Federico para consolidar la pareja y decidió ir dejando de lado algunos espacios con familiares y amigos para poder tener más tiempo libre cuando Federico llegara de los viajes a los que ella no podía asistir. Incluso canceló sus clases de baile para disponer de espacios para jugar tenis con él. Así, siempre bajo el ideal romántico del amor, Norma fue distanciándose de sus amistades, buscando una entrega y dedicación total del uno al otro que le diera certezas de permanencia y felicidad. Pasado el tiempo, Federico le llegó con la sorpresa de que necesitaba un tiempo solo para pensar qué quería en su vida; se sentía cansado, aburrido y falto de motivación. La separación fue un *shock* para Norma, quien seguía construyendo «la fortaleza de su castillo» y dentro de él su «cuento de hadas». Acotada a una vida tan cerrada, jamás se permitió cuestionar de qué se trataría ese mundo de afuera y de qué otras formas se podía enriquecer su pareja fuera esa forma de fusión. Un mes después, Federico le dijo que no quería casarse sin conocer a más mujeres y tener otra relación de pareja, que habían iniciado muy jóvenes y él necesitaba vivir más. Su expectativa de vivir para el amor alejó a Norma de muchas personas queridas y limitó su autonomía económica, así como su desarrollo profesional. La pérdida y desubicación tras la ruptura la dejó muy desorientada, dolida y con un empobrecimiento social y profesional que le está costando mucho trabajo remontar.

Entre que son peras o manzanas, amigos como antídoto al aislamiento y la desolación.

Existen formas en que limitamos nuestras habilidades de socialización; dos que ya mencionamos son dedicarnos a «buscar pareja» y entregarnos a ella como si no existiera nada más allá de la relación. Pero otra forma de limitar nuestras relaciones sociales en general, particularmente cuando somos muy jóvenes (antes de independizarnos de la familia de origen) y buscamos una pareja, es la necesidad de pasar por una especie de ritual, en el que primero los amigos «aprueban» a nuestra futura pareja para que después sea presentada a la familia, la cual también deberá dar su aprobación. Todo este proceso de elección está permeado por los prejuicios de amigos y familiares. En consecuencia, acabamos relacionándonos, incluso casándonos, con alguien que es aprobado y hasta cierto punto escogido por los demás.

En estos momentos de cambio y transformaciones profundas, en los que podemos hacer elecciones más libres, es importante cuestionar los prejuicios que tenemos para establecer relaciones amistosas y trabajarlas, así como para lograr una red más amplia y diversa de vínculos valiosos. De esta forma, no dejaremos que la discriminación hacia los modos diversos de vivir el amor, incluso de permanecer en soltería, afecte nuestras oportunidades de construir nuevas relaciones vastas y enriquecedoras.

Alberto tiene 34 años, estudió leyes y trabaja en una notaría prestigiada en la que visualiza su ascenso. Ha tenido un par de relaciones de pareja; de hecho, con su segunda novia, Amanda, vivió un par de años hasta que ella se fue a vivir, por cuestiones de estudios, a Monterrey. Para Alberto fue imposible continuar una relación con tal distancia y decidió terminar antes de que ella se fuera. Lleva dos años soltero y ha decidido esperar un tiempo antes de iniciar una nueva relación. Alberto estudió la escuela primaria y secundaria en un instituto de hombres; quizás por eso no tiene amigas ni cree que se pueda establecer una amistad con una mujer: o te gusta o no te gusta para andar con ella. Por eso acostumbra pasar su tiempo libre con sus colegas y amigos varones. Siempre que ve a una mujer que le llama la atención, la valora como un «posible» o «imposible» prospecto de pareja. Una noche que se quedó a resolver un largo «bomberazo» en el despacho tuvo que sacarlo a flote con Rosaura, una abogada que trabajaba con él, con quien jamás había tenido el más mínimo interés de entablar siquiera una conversación. Esa tarde noche de trabajo, le permitió confirmar no sólo que Rosaura era competente —cosa que ya se sabía entre los colegas—, sino que también era divertida, afín con varios de sus intereses y con su sentido del humor. Casi naturalmente tras esa experiencia comenzaron a buscarse en sus ratos libres y a intensificar sus comidas solos. Los amigos de Alberto se sorprendían de que fomentara con menos frecuencia sus encuentros con ellos. Cuando Alberto se dio cuenta, él y Rosaura habían comenzado a incluirse mutuamente en otras actividades sociales que incluían desde eventos deportivos de interés común hasta reuniones con sus grupos de amigos y conocidos. No había ningún tipo de interés erótico entre ellos; era sólo el gusto de compartir, platicar y pasarla bien. Sobra decir que esta transición lo impulsó a incluir entre sus vínculos importantes a un par de mujeres más. Su estereotipo de amistad estaba restringido por un prejuicio y, cuando este se acabó, pudo tener muchas experiencias diversas y enriquecedoras.

Muchas de nosotras, tras un divorcio, una separación o incluso sin haber estado casadas, entramos en contacto con los nuevos paradigmas amorosos. Estos retos en las relaciones nos dan la posibilidad de cuestionar los estereotipos que nos rigen, desafiar algunos prejuicios y elegir a las personas que nos rodean. Darnos a la tarea de integrar estas nuevas formas de transitar la vida nos permitirá ampliar en calidad y cantidad nuestro círculo de amistades, formar una red de apoyo, así como hacer de las crisis y la soledad algo que podamos enfrentar. Las buenas redes sociales, amistosas y familiares, disminuyen el riesgo de una muerte prematura, fortalecen nuestro sistema inmunológico y, en general, nos permiten gozar de mejor salud mental, vivir más y con mejor calidad de vida, atravesar mejor los problemas, sufrir menos episodios depresivos, aprender a relacionarnos más y mejor. El crear comunidad nos da sentido de identidad.

Es importante recordar también que la gran estrategia de las relaciones humanas no es la vigilancia, la presunción, la posesión, la compra o la persecución del otro. El secreto para hacer amistades es la seducción y no me refiero a la intención de llevar a alguien a la cama, sino al deseo y el empeño en ser atractivo para el otro, a querer construir vínculos, es decir, de pertenecer de algún modo a la vida de otro y que ese otro forme parte de nuestra vida. Que se nos elija de entre otras personas para vincularse con nosotros.

Una vida solas o acompañadas, pero en ambos casos con sentido

Puedes estar casada o con pareja y aun así sentirte sola. De igual forma, alguien que no está emparejado puede sentirse acompañado. Así se derrumba el mito de «teniendo pareja se combate la experiencia de soledad».

Hablemos de esa soledad que experimentamos cuando la ausencia del otro o las diferencias con ese otro nos hacen sentir vacías.

¿De qué depende que, aun teniendo a quien amar y sintiéndonos amadas por esa persona, no se elimine del todo la sensación de soledad? O bien, en una situación contraria, ¿cómo es que estando sin pareja no nos sintamos solas? La respuesta se encuentra en el tipo de relación que tengas contigo misma, el trabajo que hayas hecho con tu persona y el efecto que esto tenga en tu calidad de vida, así como en la forma en que la disfrutas. Antes de emitir juicios sobre la gente que está a tu alrededor o, más aun, de embarcarte en la búsqueda de nuevos amigos y de una pareja o de abandonar a los que ya tienes, date a la tarea de conocerte, apreciarte, gustarte y disfrutarte en tu totalidad.

En el recorrido a lo largo de este libro nos hemos empeñado en identificar a los patanes, reconocer los efectos nocivos de la relación con ellos, reconstruirnos, llenarnos de fuerza para relacionarnos mejor y recuperarnos de las heridas y las pérdidas que la convivencia con ellos ha producido en nosotras. Toda esta labor no tiene por objetivo permitirnos sobrellevar una vida «más o menos» pasable, sino que busca crear una existencia con sentido, con propósito. Para lograrlo, hemos de responder a algunas preguntas que nos llevan más allá de la simple recuperación y sobrevivencia, que nos permiten descubrir lo que nos es grato y significativo: ¿qué y cómo cambiar para poder disfrutar de lo que sí hay?, ¿de qué forma debemos trabajar para construir una identidad sólida que no dependa sólo del amor erótico?, ¿cómo haremos para construir relaciones de cuidado y crecimiento?, ¿qué actividades nos permiten contribuir al mundo y realizarnos como personas? La respuesta a estas preguntas, así como la clave para irlas respondiendo, la encontraremos en la creación de un proyecto de vida personal, cuya construcción ha de darnos sentido, al tiempo que nos permite explorar y explotar tanto nuestras capacidades como nuestros recursos. Un proyecto de vida es valioso y satisfactorio en tanto que incluye nuestros deseos, necesidades, y si honra nuestros valores. Sin un proyecto de vida personal es difícil encontrar un buen amor y construir una buena vida.

Un proyecto de vida nos permite crecer, disfrutar, navegar tormentas, crear y construir, así como, en el intento de amar, aprender del amor sin aferrarnos a él frenética y en ocasiones lastimosamente, pero tampoco evitándolo por temor al fracaso. Nos permite, además, desplegar nuestras propias competencias —lo cual es en sí mismo satisfactorio— y también lograr un impacto social que nos trascienda. Además, tener un proyecto de vida personal nos permitirá habitar el territorio del amor, en su momento, con paz, llenas de gozo y con menos riesgos y temores. Pero, para ello, debemos empezar por limpiar nuestra propia casa.

Yo soy mi proyecto de vida

Cambiar el libreto de nuestras vidas no significa cambiar de personalidad ni ir en contra del propio estilo. El nuevo libreto necesita instalar el protagonismo en proyectos personales que estén ligados a nuestros deseos y anhelos, que no signifiquen estar a disponibilidad incondicional del amor y de la búsqueda de relaciones como prioridad de vida. El amor se anhela, pero no puede ser el único proyecto de vida. Esto implica moverse de ciertos escenarios; pero una cosa es querer y otra es poder: para lograrlo se requiere un arduo trabajo interno que nos permita reacomodar el «programa subjetivo» que tenemos instalado en nuestra cabeza y nuestra emocionalidad, además de desarrollar una dosis importante de creatividad para generar otro que aún no existe. Este programa ha de integrar todas nuestras dimensiones humanas: nuestro intelecto, nuestro físico, nuestro erotismo y nuestras actitudes, es decir, todo nuestro ser actualizado, desarrollado, en dinamismo.

En una sociedad que favorece el confort, promueve el placer y promete la felicidad barata, existen millones de personas que están insatisfechas con sus vidas, sus trabajos, su propia persona y sus relaciones. Quizás hoy mucho más que en el pasado, a pesar del estrepitoso avance de la ciencia y la tecnología, nos encontramos con gente deprimida, estresada y enferma; con personas que depositan en el entorno la responsabilidad de su bienestar; con gente que no entiende ni cómo ni por qué se encuentra en una absoluta falta de sentido si la vida se ha hecho «más fácil» y la felicidad puede encontrarse «a la vuelta de la esquina».

¿Por qué esta dificultad de encontrar sentido profundo y consistente en nuestra vida? ¿Por qué «pescarnos» de cosas que con facilidad se nos pueden ir y dejarnos con una sensación de vacío? Se nos olvida que, de todos los seres vivos existentes, el único que tiene la capacidad de relacionarse y dialogar consigo mismo es el ser humano; es el único que puede indagar en sí mismo: ¿quién soy, qué quiero y a dónde me dirijo? Dependiendo de las respuestas nos sentiremos a gusto o no con nosotros, intentaremos cambiar en pro de nuestro bienestar y crecimiento; o bien, trataremos de acallar esa voz interna que nos cuestiona y desafía. A veces esa voz nos dice que tener mucho dinero, encontrar a la pareja anhelada, comprar la casa soñada o tener un hijo muy deseado nos dará la felicidad, pero ocurre que escucharla o ignorarla es una decisión clave, una elección que marca el curso de nuestra vida y que debemos tomar.

Entramos en el mundo de las decisiones: la conciencia hace que el ser humano, a diferencia de los otros seres vivientes, no funcione solamente por instintos e impulsos. La vida despliega diversas opciones y por tanto se presenta a cada momento el deseo, la necesidad y la urgencia de elegir. Incluso no elegir es una decisión. Esta capacidad nos hace libres, pues gracias a ella podemos autodeterminarnos y, por tanto, responsabilizarnos de nuestras acciones, mostrándonos como seres éticos, capaces de tomar decisiones y hacernos cargo de lo que de ellas derive. Ser libre y conquistar la autonomía es un desafío: al tiempo que abre ricas posibilidades, es una tarea ineludible que permite transformarnos y modificar nuestro mundo. Dejar a un patán es una decisión, un ejercicio de nuestra libertad, pero sólo es el comienzo. La vida empieza en el momento en que nos separamos y comenzamos un nuevo camino en el que habrá que decidir qué, cuándo y cómo avanzar.

Es importante insistir que esta capacidad de pensar y pensarnos, si bien es parte de nuestra naturaleza, no funciona en automático. Sólo eligiendo racionalmente y con integridad nos sentiremos contentas y satisfechas con nuestra persona y nuestra vida. Esta tarea es vital, ya que, de todas las relaciones que tenemos en la vida, la única de la que no podemos escondernos es aquella con nosotras mismas.

Ahora bien, si vamos a emprender este camino, primero debemos establecer un diálogo interno, un equilibrio entre lo que vamos a realizar, nuestras posibilidades y capacidades reales. Si nuestras metas están fuera de un marco que tome en cuenta nuestras características, atributos y situación, el intento será un fracaso rotundo y una confirmación de que no merece la pena cambiar. Por ejemplo, pretender entrar a un maratón sin haber corrido antes —y tener que entrenar varias horas a la semana a tempranas horas de la mañana—

cuando estamos estudiando una maestría y al mismo tiempo trabajando, nos llevará a no poder estudiar lo suficiente o a descuidar nuestro trabajo, sino es que a fracasar en el intento de llegar a la condición necesaria para poder tener un desempeño suficiente durante la carrera. Es un error no visualizar que estamos eligiendo una meta que no corresponde con nuestra disposición de tiempo y energía. En el ejemplo, sería una mejor decisión iniciar un entrenamiento físico moderado que nos fuera poniendo en forma y esperar a terminar la maestría para entrenarnos para el maratón.

Estar en contacto con nosotras nos permitirá identificar qué queremos y cómo lo lograremos, para activar la fuerza y la voluntad que se necesita, conscientes de los costos y las renuncias que pueden existir. Poco a poco libraremos los obstáculos dolorosos para obtener beneficios. Las pequeñas acciones que realicemos al inicio son semillas para futuras conquistas. **Esta reflexión consciente de quiénes somos y qué queremos nos permitirá alcanzar una de las más importantes tareas de la vida: conquistar la independencia emocional a la vez que desarrollamos relaciones significativas (de amistad, de pareja o en familia).**

¿Cómo integrar el binomio pareja/autonomía sin que una cosa anule a la otra? ¿Cómo armar un plan de vida lleno de intereses, valores y sueños que avance con o sin pareja, pero teniendo siempre vínculos entrañables en nuestro devenir? Todos, de una u otra manera, somos emocionalmente dependientes (primero con nuestros padres, luego con la pareja y siempre —en mayor o menor grado— con más gente de nuestro entorno). Pero esta dependencia, llevada al extremo, genera problemas emocionales.

Fernanda, arquitecta de 43 años, divorciada y con dos hijos —Armando de 17 y Camilo de 16—, ha logrado estabilizarse en su vida familiar y en su proyecto profesional tras su divorcio, que ocurrió hace seis años. Su separación de Ramiro, su exesposo, se debió a que él se negaba a que Fernanda retomara su vida laboral, con el discurso de que no quería que ella se presionara de más, se sobreesforzara y «descuidara» a su familia, incluido por supuesto él. Para Ramiro era tranquilizador que Fernanda asumiera en su mayoría la tarea decriar a los hijos, así como los asuntos emocionales y sociales no sólo de su familia nuclear, sino de las familias de origen de ambos (regalos de cumpleaños, celebraciones varias, conversaciones sobre problemas cotidianos, contención a los hijos en momentos de estrés escolar, etcétera). Para Fernanda era insostenible estar acotada al mundo doméstico, pero al mismo tiempo era muy difícil poner límites a las peticiones de Ramiro y legitimar lo que ella necesitaba para desarrollarse y conquistar su bienestar. Esto deterioró primero su vida sexual, luego su intimidad en general, disminuyendo las conversaciones entre ellos y los espacios recreativos de pareja. Finalmente, se desgastó su relación en general. Al no poder salir de esa aridez relacional ni retomar su vida personal, Fernanda pidió primero una separación, que le permitió sentir que recuperaba su vida, y luego el divorcio, que le facilitó construir un proyecto de vida personal sin tener que consensuar más que consigo misma. Hoy que se siente feliz con sus logros quisiera empezar a conocer prospectos, pues anhela tener una pareja, pero aún tiene una lista tan grande de cosas que quiere hacer que no sabe cuánto tiempo más va a tener que postergar algunos encuentros con miras a emparejarse de nuevo. Fernanda sigue pensando que tener pareja es adaptarse a ella y dejar de lado los deseos e intereses propios.

¿Para cuántas personas vivir en pareja significa cortar una parte importante de sí mismas: deseos, necesidades, intereses, valores? La vida en común se da siempre con desacuerdos, postergaciones y una que otra renuncia por ahí, pero ¿anularnos? ¡No! Ser independiente en lo emocional se trata de ser interdependiente y balancear ambas tendencias: la cercanía y la distancia con el otro. **Sentirse atada y asfixiada por una relación o experimentar constantemente el miedo de no ser querida y el riesgo de ser abandonada son precios muy caros, especialmente para estar en pareja.**

El dinamismo de la vida es una invitación a desarrollar los recursos que tenemos: estamos en permanente transformación. Actualizar ese potencial innato y latente es lo que nos construye como seres humanos. No se nos ha dado una existencia acabada, sino una vida por construir, ¡qué maravilla! Por eso decimos que vivir es una invitación a autorrealizarnos, a convertirnos en personas. No minimicemos la importancia de construir este proyecto de vida personal que, al tiempo que incluye nuestro desarrollo, nos trasciende en una tarea, en una misión, que desde nosotras va más allá y deja huella en nuestro caminar.

Claro, nos construimos con los otros y por los otros; esto no significa que estemos permanentemente rodeadas de gente, pero sí que nuestro quehacer en la vida contemple que somos una comunidad. Los malestares relacionales y los desencantos amorosos demandan de nosotras diversas estrategias que nos permitan construir confianza y un sistema de apoyo en nuestro diario acontecer.

Antes de poner en marcha el proyecto de vida, de dar el salto emocionadas para delinear y echar a andar ese proyecto tan deseado, te comparto algunos temas que debemos considerar en nuestra estrategia.

CREA UN PROYECTO DE VIDA

PASO 1. CONOCER NUESTROS SUEÑOS Y VALORES. Identifiquemos lo que nos mueve para actuar: anhelos que no hemos podido realizar o nuestros valores principales, por ejemplo. Sin una claridad de lo que profundamente honramos y deseamos, es difícil tener una directriz de acción. Los anhelos o sueños profundos responden quizás a deseos legítimos de seguridad, estabilidad, orden, y pueden tener origen en la infancia, tanto de carencia como de abundancia, que queremos honrar. Los valores son una cualidad que nos hace apreciar o estimar ciertas cosas, hechos o personas. Por lo tanto, proyectar nuestras acciones con miras a la construcción de una familia, al desarrollo de ciertas virtudes personales, a la creación artística, al desarrollo social, incluso a la libertad, austeridad, honestidad o igualdad como ideales genera valor, significado, y da satisfacción a nuestro existir. Cada persona tiene valores distintos debido a su historia, contexto e incluso personalidad, sobre los que basamos nuestras decisiones. Invisibilizarlos o reprimirlos le resta sentido a nuestro actuar.

Para identificar nuestros anhelos y valores fundamentales podemos echarnos un clavado a nuestra historia, recuperar los momentos en que nos hemos sentido orgullosas de nosotras mismas, revisar las decisiones difíciles que hemos tenido que tomar, así como sus efectos en nuestra vida. De estas reflexiones podremos rescatar tanto los principios rectores como las motivaciones que rigen nuestra vida para seguir con el paso siguiente.

**PASO 2. DEFINIR METAS A LARGO PLAZO QUE MANI-
FIESTEN NUESTROS ANHELOS Y VALORES FUNDAMEN-
TALES.** Este paso consiste en identificar lo que queremos
lograr en distintas áreas: personal, amorosa, familiar,
económica, social, laboral, recreativa, entre otras. No
todas tienen la misma importancia a lo largo de la vida,
pero de una u otra forma todas requieren de alguna
atención para lograr un desarrollo armónico y un equilibrio personal en tanto que se correlacionan y se influyen
mutuamente.

Alinear nuestras metas con nuestros anhelos y valores fundamentales generará en nosotros mayor motivación para actuar y un efecto satisfactorio ante los
logros conquistados. Sin metas claras basadas en valores, es difícil afrontar las dificultades que se presenten
en el trayecto y desplegar los recursos necesarios para
sobreponernos.

**PASO 3. CONOCER NUESTRA REALIDAD ACTUAL, TAN-
TO INTERNA COMO EXTERNA.** Para alcanzar nuestras
metas tenemos que conocer nuestro punto de partida.
Identificar el territorio que atravesaremos y las herramientas con las que contamos para el recorrido aumen-
tará nuestra posibilidad de logro. Por lo tanto, insisto en
que alinear nuestras aspiraciones a las circunstancias
y posibilidades reales es requisito fundamental en la
construcción de un proyecto de vida. Todas las personas tenemos fortalezas y debilidades que afectan cómo
actuamos; reconocerlas nos ayudará librar los impedi-
mentos y conquistar nuestras metas.

Además del autoconocimiento, debemos tener claro el «mapa» del camino que recorreremos, es decir, la
situación en la que nos encontramos, el contexto y las
circunstancias puntuales que nos condicionan. Esto incluye las oportunidades y las limitaciones del ambien-
te, desde la familia hasta nuestro momento laboral, pa-

sando por nuestra comunidad y nuestro país. Una vez conscientes de nuestra realidad interna y externa nos preparamos para la acción.

PASO 4. DEFINIR PLANES DE ACCIÓN PARA CADA UNA DE NUESTRAS METAS. Es importante desglosar nuestras metas a largo plazo con objetivos a mediano y corto plazo. Así, identificaremos los recursos concretos que tenemos para lograrlas, entre los cuales están los hábitos, destrezas, competencias y conocimientos que nos ayudarán a avanzar y mantener el esfuerzo a lo largo del camino. Los objetivos a mediano plazo implican planes de acción concretos que nos clarificarán la ruta, los tiempos y los recursos necesarios para emprender el trayecto. No podemos tener control de todo, pero sí requerimos de un plan, aun cuando este se revise y replante a lo largo del camino.

PASO 5. TOMAR ACCIÓN Y APRENDER DE LA EXPERIENCIA. A caminar se aprende caminando, así que ninguna planeación es suficiente si no la accionamos. Llevar a la práctica lo planeado con la mirada puesta en metas claras y la motivación apoyada en los valores personales es el paso último para desplegar el proyecto de vida personal. Pero, por más que hayamos preparado el viaje, habrá cosas que redefiniremos durante el trayecto y que replantearemos desde la experiencia. Seguramente habrá cambios, errores y dudas; todo es parte del aprendizaje y del crecimiento mismo. Una cosa es el mapa que diseñamos para ubicarnos; otra, el sendero que estaremos recorriendo. Incluso los valores que nos motivaban en un inicio pueden tomar mayor o menor relevancia al avanzar, por lo que será necesario replantear objetivos y redireccionar la ruta.

De esa forma, la experiencia misma de construir nuestro proyecto de vida nos construye a nosotras mismas. Además, nuestro contexto está en un constante

fluir y nos impacta al tiempo que nosotras tenemos impacto en él. Todo esto lo notaremos, lo aprenderemos y lo modificaremos, al tiempo que vamos replanteando, acometiendo, obteniendo logros y asimilando la experiencia. Todo este proceso es ya enriquecedor y generará significado, satisfacción, agencia personal y sentido de logro.

Un proyecto para dos...

¿Cómo nos explicamos que, en un mundo en el que reina la autonomía, donde se prioriza el despliegue de recursos personales y se cultivan tanto las manías como los deseos individuales, existen muchas mujeres que, aunque valoran su soledad y su independencia económica, en alguna parte de su ser anhelan (incluso con cierto desespero) un encuentro amoroso y una vida en pareja? En ocasiones nos cuestionamos el por qué y el para qué de la vida en pareja; a veces incluso la banalizamos dadas las dificultades para sostener una buena relación en la actualidad, pero pocas veces nos preguntamos de dónde viene este gusto, este deseo de hacer pareja o esta ¿necesidad?

No sólo somos seres sociales que necesitan del otro para vivir, sino que también la atracción es parte de nuestra naturaleza biológica. Como seres sexuales que somos, desarrollamos vínculos a través del ejercicio de nuestra dimensión erótica. El sexo y el erotismo no son sólo fisiológicos, sino que también forman parte de nuestras relaciones más allá de lo físico.

En nuestra época, las relaciones de pareja no se basan en la reproducción, producción y sobrevivencia, como antaño. Hoy se privilegia el gusto por estar con el otro, la necesidad de un intercambio de ternura y afectos, así como la posibilidad de brindarse ayuda cotidiana. El eje de la vida amorosa ha cambiado, pero el deseo por vivir en pareja parece que no.

La búsqueda —a veces frenética— de una relación amorosa también se correlaciona con una sociedad, que, como he dicho, privilegia a la pareja sobre la vida individual; de ahí también el riesgo de liarnos con cualquier patán con tal de no sentirnos solas (¿o quedadas?, ¿o no queridas?, ¿o poco atractivas?). Insisto: aunque en el pasado las necesidades de reproducción, producción, y sobrevivencia hacían imperiosa la unión conyugal y la convivencia familiar (particularmente para las mujeres, quienes eran mantenidas por sus esposos), en la actualidad los requerimientos de la vida moderna son diferentes, y los deseos, necesidades y valores de las personas del siglo XXI también lo son.

Aun así, se deja todavía sentir el estigma en relación con la soltería, especialmente en el caso de las mujeres: mientras a un hombre se le cataloga como un *soltero* cotizado, a una mujer en la misma situación se le trata como una *solterona* despreciada. Pero en ambos casos privilegiar la vida de pareja sigue ejerciendo su inercia y con ella se impone una fuerte presión a quienes viven en soltería.

Sin embargo, una cosa es entender por qué deseamos vivir en pareja y de qué forma la sociedad prioriza el estatus de los «emparejados», y otra, comprender por qué no es tan sencillo encontrar con quién formar una pareja y hacerlo bien.

Hoy las necesidades de los individuos han cambiado y por tanto los objetivos de vivir de a dos también. Encontrar a alguien que comparta nuestra visión de la vida en cuanto a deseos, motivaciones, intereses y valores, y que entienda de forma similar lo que es una relación amorosa, es cada vez más complejo y complicado por la diversidad de opciones de vida que se despliegan en la actualidad.

Por ello, el proyecto de vida común, aunque se construye, evalúa y actualiza al caminar juntos, antes de echarlo a andar requiere que se tengan algunas conversaciones sobre temas relevantes que nos indicarán si podemos construir una vida de a dos. Iniciar un proyecto en común implica encontrar un equilibrio y espacio para los planes personales, para después llegar a acuerdos que den cuenta de las afinidades compartidas y la posibilidad de una vida armónica en común.

La vida de pareja se cultiva día a día; tiene altas y bajas. Requiere de tiempo, conocimiento, afecto y voluntad, pero iniciar con el «pie derecho» implica tomar en cuenta algunos aspectos:

ANTES DE INICIAR UNA VIDA EN COMÚN, SE PLATICA. Al formar una pareja deseamos hacer compatibles nuestros proyectos vitales para construir, a partir de ellos, un nuevo plan en común. Pero el deseo no es suficiente. Necesitamos ser realistas y saber si existe cierta compatibilidad en la pareja, si los valores son similares o si existen suficientes puntos de convergencia en cuanto al estilo de vida. Poder conversar sobre estos temas, además de dar cuenta de las aptitudes y los recursos que tenemos para nombrar, negociar y actualizar la relación que inicia, da forma a nuestro futuro, evitando así que inicie, y por supuesto termine, en un desencanto total.

Observar cómo se maneja nuestra posible pareja en diversos aspectos de su vida y entablar ciertas conversaciones complejas y trascendentales al inicio de la

relación es un gran recurso que sin duda abonará en el futuro de nuestra nueva pareja. Superar las primeras diferencias que puedan surgir de estas charlas y conocer cómo afrontan ambos las desavenencias les permitirá conocerse mejor mutuamente y observar cómo es que cada uno piensa y afronta la vida.

¿Cuáles son esas conversaciones importantes que debemos promover? .

- **Dinero.** ¿Trabajará uno o los dos? ¿Quién aportará qué y para qué? ¿Cómo gestionarán las decisiones económicas? ¿Habrá ahorros o gastarán todo mientras tengan trabajo? ¿Comprarán algo en común? ¿Sostendrán economías separadas? El manejo de los bienes y del dinero generalmente es uno de los asuntos desagradables a tratar porque se piensa que el amor se degrada si se habla de economía, pero el cambio acelerado de los roles de género en la actualidad y la compleja situación económica global hacen de este tema un asunto central en los supuestos y desacuerdos de pareja. Las finanzas se pueden organizar de muchas formas a lo largo de una vida amorosa compartida; incluso se pueden cambiar los acuerdos debido a lo que se vaya viviendo a lo largo del tiempo, pero el tema es de carácter central para poder avanzar en la construcción de una vida en común.

- **Sexo.** El acoplamiento sexual de la pareja, sobre todo en esta época de liberación sexual y altas expectativas de satisfacción personal, es un requisito para una vida amorosa satisfactoria. La dimensión erótica distingue y caracteriza a la relación de pareja de las relaciones de familia y amistad. Al inicio de la vida en común, el sexo tiende a resultar más sencillo, pues el deseo incipiente facilita los encuentros. Sin embargo, aspectos como la frecuencia, el tipo de prácticas sexuales, quién toma o no toma la iniciativa, las respuestas orgásmicas y el intercambio postorgásmico pueden sintonizar o no en la vida sexual. Si bien lograr cierta armonía sexual puede tomar un tiempo de conocimiento mutuo y de práctica, en ocasiones desde el principio pueden haber señales claras de desavenencias y necesidades muy distintas en esta área. La frustración sexual no se puede delegar a otras personas como otros asuntos de la vida en común —limpieza del hogar, ayuda para la crianza de los hijos y espacios de socialización— y, si bien el sexo cabalga con la vida y a veces es más intenso o en ocasiones se pone en un segundo lugar, hemos de empezar con «tela de donde cortar» para evitar diferencias infranqueables, falta de interés, resentimientos y traiciones.

- **Exclusividad sexual.** La infidelidad ocurre cada vez en mayores cantidades en la vida de pareja; parece que el merecimiento personal y la apertura sexual habilita a las personas para darse permisos de experimentación que antes se catalogaban como pecados y desvíos. La monogamia no es inherente a los seres humanos: se desea como ideal y valor, pero hoy no se puede dar el acuerdo por sentado. Las nuevas parejas habrán de pactar o no la exclusividad sexual, misma que no es sinónimo de fidelidad: se puede ser fiel sin ser sexualmente exclusivo y viceversa. Por eso este tema requiere de largas conversaciones y acuerdos claros y directos, así como renegociaciones para no lastimar la relación amorosa. Insisto en que la mayoría de las personas busca relaciones monógamas, aunque a veces sean insostenibles y elijan terminar para iniciar otra relación en el esquema de monogamias sucesivas. En estos escenarios, no podemos dar por sentado que ambos miembros de la pareja pensemos lo mismo respecto a este tema: pactar o no la exclusividad sexual es un asunto delicado; las decisiones son muy personales, además de que un amor de «puertas abiertas» requiere de mucha madurez, igualdad real de posibilidades de ambos miembros de la pareja, así como permanentes acuerdos que incluyan incluso en ciertos momentos cerrar el modelo, debido a la llegada de un hijo o al tránsito de alguna enfermedad, por ejemplo. Conversar sobre nuestra visión y deseo respecto a los acuerdos monogámicos es tarea impostergable en una pareja.

- **Hijos.** Conocer, antes de entablar cualquier relación, si el prospecto a pareja quiere o no tener hijos, uno o muchos, rápido o después de 10 años de relación es también tema obligado. Pero esto no es suficiente: conocer el porqué de este deseo y cómo se visualiza a los hijos dentro de la relación de pareja da cuenta de la idea de paternidad-maternidad que tiene cada uno, así como de la posibilidad real de construir un proyecto de familia que requiere de más ingredientes que uno de pareja. Respecto a este asunto, nunca está de más clarificar si en la actualidad ya tienen hijos de otra relación y no se lo han comunicado; en caso de haberlos —lo supieras ya o no—, hace falta observar cómo es su relación con él o ellos. Dentro del tema de los hijos, se presentan situaciones poco usuales, como la posibilidad de adopción o de fertilización (en sus diversas modalidades) en caso de desear tener hijos y tener obstáculos biológicos, y hasta esto debe ser puesto sobre la mesa cuando va tomando forma la relación. Por supuesto, es imprescindible hablar de dificultades para la concepción si se sabe previamente que existen y que estas podrían hacer del tema de ser madre o padre una cierta dificultad. Me parece central puntualizar que los hijos nunca deben ser tenidos y planeados como medio para algo: para concretar la relación, para afianzarla o componerla si va mal, para no estar solos, para hacer familia, para realizarse personalmente. Los hijos son fines en sí mismos y no se tienen por razones de utilidad, sino para criarlos de manera responsable como seres humanos íntegros. Digo esto porque está muy difundida la idea de que el solo nacimiento ya es gozoso y «traerá bendiciones» al hogar, aun cuando no están dadas las condiciones materiales, éticas y de calidad de las relaciones en los hogares que los recibirán. Si se elige tener hijos, se tiene que pensar en ellos y para ellos, no en usarlos para nuestros fines; de lo contrario, siguen aumentando las paternidades y maternidades irresponsables, mientras los hijos sufren.

· **Crianza de los hijos.** Una cosa es cuestionar si se les va a traer al mundo y cuántos serán; otra es criarlos y acompañarlos a lo largo de la vida. Algunas personas tienen visiones muy distintas sobre lo que es central en la educación de los infantes. Aunque los hijos van reconociendo las diferencias irreductibles de los padres, es importante para su bienestar físico y mental que sus papás tengan ideas compartidas sobre qué y cómo se quiere criar a los hijos. Varios consensos son necesarios en cuanto a valores a fomentar, cualidades a promocionar y comportamientos a permitir.

· **Familias mutuas.** El espacio, en tiempo y forma, que se otorga a las familias de origen es algo que se debe prever y conversar. No sólo es importante la manera de compartir con las familias en reuniones o celebraciones importantes y vacaciones, sino también el tipo de trato y el grado de libertad o fusión que manejan en la actualidad para considerar qué cercanía y distancia se encuentra oportuna y constructiva para interacciones en la vida más cotidiana. Cada miembro de la pareja tiene costumbres y arraigos sobre la convivencia con la propia familia —cenar juntos diario, compartir días en el fin de semana, llamadas telefónicas frecuentes, viajes compartidos cada tanto— y eso ha de modificarse en cierto sentido cuando uno deja la casa de los padres y comienza una relación de pareja. Aun así, el tipo de vida iniciado con la familia de origen tiende a repetirse en las nuevas relaciones creadas; por eso entender la dinámica que se vivirá en el día a día con acuerdos base, así como los tiempos dedicados —juntos o separados— a las familias extensas, es parte de los temas que influyen en la construcción de un buen amor.

- **Sobre el espacio individual.** Vivir en pareja no significa renunciar a las necesidades de espacios a solas o con amigos sin la compañía de la pareja. Requerir momentos personales no implica abandono, indiferencia ni rechazo hacia la pareja, sino la legitimización de necesidades y gustos personales que enriquecen la propia vida. A veces la pareja al inicio de su relación, etapa que suele caracterizarse por el enamoramiento y la fusión, omite esta charla, pensando que el otro siempre será bienvenido en todo momento y en todos los espacios. El tiempo y la realidad dan cuenta de que una relación amalgamada es asfixiante y difícil de sostener, además de que los espacios individuales no sólo benefician la vida personal, sino que suman —si se equilibran bien— a la relación de pareja.

- **Relaciones sociales.** Algunas personas son más sociales que otras y gustan de tener continuamente contacto con gente —amigos, familiares, colegas—, ya sea en pequeños grupos o en reuniones sociales. Es importante conversar sobre las diferencias en cuanto a esta necesidad y los acuerdos que permitirán honrar la soledad o compañía que requiere cada uno sin que el otro tenga que renunciar a sus preferencias o someterse a sus necesidades. Buscar espacios sociales que den aire y complementen a la pareja siempre es bueno, pero la frecuencia, el formato y el tamaño pueden variar, así que se debe negociar: a veces asistiendo juntos, a veces separados. No sobra decir que, cuando la pareja se pierde en exceso de encuentros sociales, familiares y laborales, puede dejar de lado el intercambio subjetivo que requieren los amantes para construir y fortalecer la propia relación. Es fácil que una pareja «institucionalizada» priorice las demandas exteriores y descuide alimentar el intercambio de la pareja.

- Trabajo y estudio. El desarrollo profesional y las jornadas de trabajo constituyen un tema que ha de sopesarse con la pareja; estas actividades toman gran parte de la energía y del tiempo de nuestro diario acontecer. A eso hay que sumar el lugar que cada uno le da a la actividad laboral como parte de sus necesidades de subsistencia y de proyecto de realización personal. Es común que los requerimientos profesionales subordinen o acoten la proyección de la vida en pareja por falta de tiempo y energía.

- **Dónde vivir.** Algunas personas se proyectan en el futuro migrando a otros países, cambiando de localidad o, por el contrario, permaneciendo el mayor tiempo posible en la ciudad natal. En un mundo global y dentro de un mercado laboral competitivo y demandante, los deseos personales se han de entretejer a las oportunidades que la realidad vaya ofreciendo. Aun así, no sobra conversar sobre el interés básico de permanecer en la ciudad en que se conocieron o en la posibilidad de moverse a las afueras, incluso si se desea preparar una migración al campo, a una playa o a otro país. Elegir dónde vivir puede ser un sueño apasionante y vinculante para la pareja, pero también, al momento de llevarlo a cabo, alguno de los dos puede sentirlo como una pérdida o un cambio de planes que impacta de forma negativa a la relación.

PROYECTO DE VIDA EN PAREJA. Si hay algo que nos preocupa particularmente a las mujeres es nuestro proyecto de vida con la pareja. Sin embargo, todo lo que hemos revisado a lo largo de estas páginas nos abre una nueva posibilidad de armar un proyecto de pareja nuevo y diferente de lo que hemos vivido. ¡Qué emocionante!

¿Cómo comenzar? Un proyecto de pareja implica la construcción del mapa y la ruta hacia donde se quiere dirigir la vida en común. Además, considera los proyectos personales para tejerlos como un plan de los dos; la coexistencia de los estos proyectos favorece la calidad de vida de cada uno de los miembros de la pareja y la posibilidad de sostener la relación. Debe dar lineamientos base que pueden modificarse y actualizarse a través del tiempo en tanto que las circunstancias de la vida también se van moviendo, de ahí la importancia de no convertir esta planeación una estructura rígida que, más que contener a la pareja, la limite.

Conversar y revisar las decisiones tomadas, aceptar la diferencia de perspectivas y necesidades, así como lograr la negociación de estas, son la clave del éxito de un proyecto de vida en pareja. Sin duda se requiere partir, como lo he mencionado, de un conjunto de valores base compartidos por la pareja para a partir de ahí plantear los deseos, sueños, necesidades e intereses de ambos en un clima de igualdad.

La dominación o sometimiento por la cual alguno de los dos sacrifica lo propio en aras de la relación termina pasando factura a la persona sometida y a la relación de pareja. Se puede renunciar voluntariamente a algo, claro está, o aplazarlo temporalmente por alguna razón, pero los deseos y opiniones personales deben tener cabida en el proyecto común, cuando menos de forma adaptada y parcial. No siempre crecerán los proyectos personales al mismo ritmo; a veces se irán alternando con el fin de apuntalarse el uno al otro, pero la renuncia total de alguno de ellos termina siendo dañino.

Quiero mencionar que pueden existir opiniones diferentes en cuanto a algunos temas, pero, a través del diálogo, el acuerdo y la negociación, se sigue creciendo como persona, así como en pareja, mediante los planes personales y del proyecto común. Sin duda, compartir y acordar en el mayor número de áreas posibles facilitará tanto los intercambios como la satisfacción de ambos.

Algunas preguntas que permiten proyectar el plan común pueden ser las siguientes:

- ¿Cómo nos queremos ver en unos años?
- ¿Hacia dónde deseamos movernos en las diferentes áreas de nuestra vida?
- ¿Qué metas tenemos a corto, medio y largo plazo?
- ¿Qué pequeñas y medianas acciones vamos a tomar para conseguir nuestras metas?
- ¿Qué le toca a cada uno?

- ¿En qué tiempo fijamos nuestros avances?
- ¿Qué finanzas requerimos para avanzar en nuestros planes?
- ¿Hay algún impedimento para la consecución de nuestro proyecto?

Insisto en que incluir los temas sobre finanzas, sexualidad, hijos y crianza, familias extensas, tiempo libre, amistades, trabajo, desarrollo profesional, desarrollo personal, actividades conjuntas y actividades separadas, entre otros, así como dar seguimiento al menos dos veces al año para ver los avances y las rectificaciones necesarias, es requisito sin el cual un proyecto de vida común no podrá avanzar en tiempo y forma, ni podrá ser evaluado en común. No hay duda de que el logro de la tarea conjunta, además del gozo de los beneficios obtenidos de esta planeación, tienen un efecto de disfrute y de cohesión en la pareja, generando reconocimiento de lo conquistado y motivación para continuar adelante.

UN BUEN AMOR

A todos nos preocupa nuestra vida afectiva, lo digamos o no, lo tengamos presente de forma consciente o en la ignorancia, lo admitamos o lo neguemos. Los que están en pareja a veces lo viven como un mal necesario y con la sospecha de que la felicidad está en otra parte. Los que se encuentran solos, en cambio, creen con frecuencia que el remedio para todas sus inquietudes estará en una pareja y desplazan o postergan todo lo que no vaya en esa dirección. Hay otros que van de desencuentro en desencuentro y culpan al destino, a la mala suerte o a los defectos de los demás. Al final, el malestar amoroso es una gran epidemia con la que deberemos convivir durante el nuevo milenio.

Y es que el amor no se deja domesticar: difícilmente podrás encerrarlo en una jaula, porque sin duda ahí morirá lentamente de sed y tedio. **Si estás dispuesto a amar, debes saber que el amor es una prueba, así como el lugar por excelencia de la fragilidad y de la vulnerabilidad humana.** Pero desde ese amor frágil, limitado, viajero, nos construimos como personas y podemos hacer compromisos suficientemente buenos y cuidadosos el tiempo que duren. Sin duda, podemos tener ciertas seguridades y haber tomado suficientes precauciones para hacer marchar la relación, pero tener certezas totales es un ideal inalcanzable. El cuidado en la elección y la calidad de la proyección a futuro hacen de nuestra apuesta amorosa algo más sólido, pero, como cité al inicio del libro, hay ideas románticas sobre el amor que en este siglo XXI están «saltando por los aires». Como dice Joan Manuel Serrat: «Nunca es triste la verdad, lo que no tiene es remedio». Por esto, tras el recorrido realizado a lo largo de estas líneas, habría que pensar más que en un amor perfecto en un buen amor. Ante todo, en un amor que no sólo no sea patanesco y abusivo, sino en un amor que nos permita el disfrute, la ayuda mutua y el crecimiento.

Cada ser humano es diferente y precisa ingredientes distintos para amar. Quizás por eso sería mejor hablar de tipos de amor o de amores, en lugar de una única y universal definición del amor. Querer ser pareja de alguien cuyos ingredientes amorosos y su visión del amor es muy distinta a la propia, aún con objetivos y metas similares en el proyecto de vida, generará dificultades en las expectativas, en la comunicación y en el entendimiento mutuo, pues las creencias básicas sobre lo que significa amar se harán irreconciliables.

Tal vez hoy lo que deseas son relaciones eróticas de corta duración, sin compromisos a largo plazo, o tal vez deseas casarte, tener hijos, vivir juntos. Todo esto se vale, puesto que existe una gran diversidad de territorios amorosos que se despliegan en la actualidad, de ahí la importancia de clarificar qué tipo de relación quieres; en ese espacio, debes estar comprometido contigo y con el otro que se acerque a ti.

Pero, ¿tenemos miedo a amar? La mayoría de las personas anhelamos relacionarnos amorosamente pero también tememos temores, particularmente de relacionarnos «para siempre».

La semana pasada Roberto, publicista de 47 años, decidió solicitar terapia, pues no sabe qué quiere en su relación con Juana María. Ambos divorciados y sin hijos, llevan un año viviendo juntos, pero dos de relación. Roberto, tras un matrimonio de 10 años con Felisa, se divorció. El motivo de aquel rompimiento fue que ella quería tener hijos, a pesar de que al inicio de la relación habían acordado que serían un matrimonio sin descendencia: ambos, además de afirmar que no les gustaban los niños, estaban muy satisfechos con su relación de pareja, su desarrollo profesional y su vida en general. Así, tras la inesperada insistencia de Felisa por ser mamá, Roberto decidió que no tenía caso seguir peleando para intentar convencerse el uno al otro de los propios anhelos y pidió el divorcio. No fue fácil rehacer su vida, pero, despues de vivir tres años en soltería y de tener diversos encuentros temporales con algunas mujeres, sintió que le gustaría estar acompañado y satisfecho sin llegar una vida matrimonial. Entonces, conoció a Juana María en una cita a ciegas que auguraba poco éxito, a pesar de las buenas intenciones de su amiga común, Reina, quien lo propició. El encuentro con Juana María fue inusualmente divertido porque los dos bromearon toda la noche de haber aceptado un plan poco acorde a su forma de ser, pero depositando la confianza en Reina, quien no se caracterizaba por ser la Celestina de la sociedad. Algo que hizo que Roberto se entusiasmara con Juana María (a diferencia de las mujeres que conoció con anterioridad) era su poca urgencia de «atrapar» a un hombre, su nula necesidad de que alguien la mantuviera y su certeza de no querer tener hijos (tanto que se había operado muchos años atrás). Tras un año de encuentros y salidas, decidieron que la vida les sería más cómoda, acompañada y placentera si se iban a vivir juntos. Todo marchaba a pedir de boca hasta que Juana María le preguntó a Roberto: «¿qué somos?», con deseos de llegar a ciertos acuerdos y definir hacia dónde se dirigía su relación. Roberto aprecia a Juana María y disfruta la vida con ella, pero no encuentra la necesidad ni siente el deseo de «subir un escalón» en compromiso en su relación. Para él lo que vive es bueno y planear a futuro no es una necesidad. No obstante, la pregunta cada vez más insistente de Juana María y su falta de respuestas a la misma lo llevan a consultar en terapia.

El dilema de muchas personas es que queremos que una relación disminuya la inseguridad que nos produce la soledad, pero a la par nos da miedo que, al tenerla, sea asfixiante y tengamos que renunciar a lo que tenemos.

¿Solución? Quizá más que temerle el amor habrá que aprender a tolerar la incertidumbre y comprender que vivir en pareja no significa estar en una cárcel, además de que no podemos esperar que la pareja nos dé todo lo que antes nos daba toda una tribu: diversión, sexo, conversación, trabajo en común, paternidad, etc. Esto se trata de equilibrio.

Cocinando buenos amores

Después de todo esto que has leído sé que quizá debas tomarte un respiro. Hazlo. Pero, sobre todo, no hay que perder ni la energía ni los ánimos por lo que nosotras podemos hacer y aportar para construir mejores y buenos amores. Es muy curioso cómo las personas dejamos de hacer algo por temor al fracaso; lo mismo sucede con los amores y las parejas: creemos que tememos amar, pero realmente lo que nos da miedo son la decepción y la tristeza.

Muchos de nosotros (sino es que casi todos) de una u otra forma buscamos ser reconocidos en la mirada de otro, de quien esperamos que, en el intercambio sexual y amoroso —o de la índole que sea—, nos haga sentir que provocamos su deseo, así como que confirme nuestro ser erótico, nos brinde cierto acompañamiento y nos cobije entre chispas de vida y aventura. Sin embargo, para lograr una experiencia como esa, no se necesitan amores eternos ni pasiones totales. Hace falta agregar a nuestro haber amoroso algunas reflexiones que nos permitan tomar mejores elecciones y construir *amores buenos*. Para empezar, ¿qué características tiene un buen amor?

- **Buena calidad:** Buscar un amor de buena calidad es diferente a pretender un amor perfecto. El investigador John Gottman, tras trabajar durante años dando seguimiento a parejas a través de diversas etapas de la vida, encontró los factores que hacen que unas de ellas funcionen bien y otras vayan directo a la perdición.

  Gottman dice que hay que aspirar a relaciones «suficientemente buenas». Esto significa que los amores idílicos, perfectos, eternos, impecables... no existen en la realidad. Son más un sueño romántico (epidemia de la que muchos estamos contagiados) que una experiencia realizable en la vida cotidiana. Como adultos, y partiendo de esta realidad, debemos aceptar que el amor siempre nos deja algo insatisfechos: siempre querremos más tiempo, más cuidados, más atención, más... más... Este modelo al que muchos aspiran, de amor «total», se asemeja más a la demanda de un niño a una madre, por la pretensión de que exista alguien «sólo para mí» y «atento sólo a mis necesidades».

  Insisto, el amor adulto nos deja siempre algo anhelantes, desconcertados, pues el amor, más que una necesidad que se puede satisfacer puntualmente como el hambre, el sueño, incluso el sexo, es una demanda: surge de un deseo inagotablemente humano que aspira siempre a más, idealiza, sueña... de ahí la importancia de buscar buenos amores, en lugar de relaciones y personas perfectas que no existen y, por lo tanto, siempre nos defraudarán.

- **Amores de cierta duración:** Saber que el amor puede tener fecha de caducidad, en vez de creer en el amor eterno, es una postura más realista y vigente en pleno siglo XXI. ¿Por qué esta creencia se ha desmantelado, aunque muchas personas la quieran mantener vigente? En primera instancia porque nuestro promedio de vida se ha extendido de manera considerable: antes los hombres vivían un promedio de 30 a 40 años, mientras que las mujeres morían aún más jóvenes, ya que muchas fallecían en los partos y demás menesteres reproductivos. Hoy el promedio de vida en ambos sexos se ha duplicado prácticamente, y el mundo se transforma y cambia a la velocidad del rayo, por lo que la posibilidad de mantener una pareja, sintonizando los deseos, los intereses y lo valores, se vuelve un reto particular.

No niego que, cuando encontramos a alguien con quien nos entendemos, nos acoplamos y disfrutamos la vida, anhelamos que la relación nunca termine. Como aspiración y como intención, este deseo es bueno... Como ideal que orienta la acción, también. Bien lo dice el poeta Luis Cardoza y Aragón: «El amor es eterno mientras dura». Con esto no quiero decir que a las primeras de cambio hemos de echar todo por la borda, para nada. Quizás uno de los males que más asechan a hombres y mujeres modernos es la imposibilidad de tolerar la frustración y de posponer las recompensas, lo cual en las relaciones amorosas se refleja en relaciones fugaces, más anecdóticas que comprometidas, donde la pareja carece del tiempo y del escenario para desplegar la mutualidad, el intercambio, el compromiso característicos del verdadero amor. Pero de ese extremo a invisibilizar que la faena del crecimiento mutuo y gusto compartido puede tener fecha de caducidad es otro cuento. El amor puede acabar por mil razones; así como hemos de aprender a abrirle la puerta y recibirlo cuando llega, también debemos estar preparados para saberle decir adiós.

Amores comprometidos: Por último, diría que un amor, un verdadero amor, asume el compromiso. Si no existe algún tipo de acuerdo, de responsabilidad entre los amantes, difícilmente podemos hablar de amor. Llegados a este punto podemos entrar en el territorio de las confusiones. ¿«Comprometido» significa «matrimonial»? ¿«Comprometido» quiere decir «promesas eternas»? ¿Un compromiso de pareja significa que te mantenga, que vivamos juntos? Hoy más que nunca, la sociedad despliega una infinidad de modelos amorosos: con convivencia diaria, con hijos, sin hijos, con cuentas comunes o separadas, con contratos civiles y religiosos o sin ellos... Valdría la pena no confundir el compromiso con un estilo de vida en común. ¿Cómo podríamos describir esta palabra que a veces crea malestar y se vive como falta de libertad? Quizás pensando el compromiso como una disponibilidad para el otro, en ciertos acuerdos pactados, no impuestos, en algunas renuncias inevitables y asumidas, las cuales difieren de ser castigos y sacrificios, pues un amor que no asuma un involucramiento, que no implique la voluntad de los amantes, que no se aventure, se exponga y tome ciertas responsabilidades, no es amor. No podemos prometer que nos amaremos siempre, pero sí podemos comprometernos a cuidar del amor que nos tenemos, a buscar la manera de conservarlo y hacerlo crecer; incluso, en caso de un rompimiento, podemos asumir que el otro siempre será parte de nuestra vida y agradecer lo que construimos juntos el tiempo que dicho amor duró.

Las relaciones amorosas presentan inevitablemente altibajos y el compromiso se hace indispensable para atravesar períodos difíciles y recuperarse para tiempos mejores. Si lo desdeñamos, es casi imposible que una relación perdure, pues la intimidad y la pasión tienden a fluctuar, pero un compromiso razonable, tras atravesar ciertas penurias, puede reactivar la relación. El amor no sólo son buenos sentimientos y gran enamoramiento; también es una decisión.

Las personas —¡por suerte!— cambiamos. Crecer significa cambiar a través del tiempo; entonces, uno puede comprometerse con alguien, pero no puede asegurar al otro que siempre será el mismo, que siempre gustará de las mismas cosas... La manera de conservar el compromiso, además de cultivar la intimidad y la pasión, es actualizando periódicamente la relación, evolucionando constantemente, con base en un planteamiento abierto de qué cosas pueden seguir igual y cuáles se habrían de negociar. Esto implica una capacidad de negociación y manejo de conflictos, así como la necesidad de ser asertivo para defender lo que uno quiere no de manera testaruda, sino congruente. Traicionarse a uno mismo después de un trabajo de autoconciencia es también traicionar la relación.

Adiós a intercambios tóxicos

Si bien el tema que nos ha ocupado en este texto son los amores patanes y cómo crear amores saludables, recordemos algunos puntos importantes al iniciar un amor. Los amores tóxicos son esos que se angustian en la separación del otro y que requieren de la fusión, esos que viven compulsivamente la sexualidad para tener una sensación de intimidad, esos que poseen y controlan a fin de asegurar la seguridad «absoluta» y la permanencia eterna.

Algunos de los comportamientos que echan por la borda la construcción de buenos amores son los siguientes:

- Búsqueda frenéticamente el amor sin considerar si el sujeto amoroso es adecuado.

- Insistencia en una conquista sin tomar en cuenta si la relación con esa persona es viable.

- Elección de personas que son egoístas, egocéntricas, patanas y enfermas que demandan de un protagonismo incesante, aunque ello pueda implicar herir o desatender al ser amado.

- Escasa resistencia a la frustración que el amor tiene como parte de la vida, lo cual impulsa a tomar acciones de evasión y refugios en «oasis artificiales».

- Incapacidad de autocrítica donde se culpa a los demás, desplazando en los otros las propias culpas y responsabilidades. Comprende sus propios defectos, pero es incapaz de ser indulgente con los de la pareja.

- Dificultades para aceptar relaciones igualitarias con las personas en general y con la pareja en particular, posicionándose en una postura sumisa o ventajosa, ambas de poca responsabilidad y compromiso.

- Necesidad excesiva de complacer al otro y no ponerle límites necesarios en detrimento de las propias necesidades y deseos.

- Miedo constante de perder al ser amado y ansiedad ante su ausencia.

- Equilibrio emocional precario y necesidad desmedida del otro para alcanzar una estabilidad básica.

- El deseo de cambiar al otro —a través de la insistencia, la súplica o la amenaza— y darse a la tarea de que el amor lo mueva a donde uno necesita antes de cambiar uno mismo o moverse de donde no se podrá construir un amor.

- Exigencia de más de lo que se da: más afecto, atención, servicios, dinero.

- Alto nivel pasional. Relaciona la necesidad afectiva con una sexualidad compulsiva sin importar la calidad de esta.

- Compulsión de celar al ser amado. Los celos se dan en el territorio del amor, pero no son derivados de este. Pensar que «celar es amar» es una idea romántica y errónea de quienes alimentan la creencia de que, si su pareja no es algo celosa, es porque no las quiere de verdad.

- Conductas de abuso, violencia, maltrato que ponen en riesgo la integridad física, emocional y social, cuando no también la económica y patrimonial.

No te enamores si...

Todos buscamos un buen amor, pero en ocasiones queremos emprender una relación por las razones equivocadas. En un mundo que sigue valorando excesivamente el peso de la vida en pareja porque, sólo en apariencia, construye parte importante de la identidad por el amor erótico, es fácil iniciar una relación sin las condiciones necesarias para que tenga un buen futuro. Por eso, es fácil también caer en las manos de un patán, al priorizar no estar solas por sobre estar bien acompañadas. Por eso, créeme, es importante que no te líes si pasa algo de esto:

- Tu entorno —familia, amigos, hijos, colegas— te presiona sutil o burdamente para que tengas pareja. Tienes la creencia de que a la gente soltera no se le quiere, no vale igual o es una carga.

- Quieres ser madre y consideras que requieres a una pareja para lograr ese proyecto de vida; entonces, se asocia la maternidad-paternidad con la vida de pareja como proyectos conjuntos y no excluyentes.

- Esperas sanar un rompimiento amoroso anterior construyendo rápidamente una nueva relación, por la creencia de que sólo otro amor puede sanar una terminación anterior, o bien, con el deseo de cierta venganza.

- Piensas que, si no encuentras una pareja, difícilmente tendrás una vida propia y tendrás que estar a expensas —o al servicio y dependiendo— de los demás. Si no tienes una pareja con quién formar el propio hogar, se te ha hecho pensar que debes hacerte cargo de la familia de origen.

- Consideras que el matrimonio es la mejor forma de hacer vida de pareja. Priorizas un solo modelo de vivir el amor, jerárquicamente «mejor» que otros.

- Sabes que teniendo pareja te liberarás de muchos juicios que hace la gente sobre ti, lo que implica la incapacidad de lograr la autonomía temiendo la aprobación del otro ante un estigma real sobre la soltería.

- Crees que las personas con pareja son más equilibradas, comprometidas, maduras y compartidas; es decir, casada o emparejada serás una persona mejor y más completa, como si a partir de la pareja mejoraras, pero sin ser capaz por ti misma.

- Sientes que «algo» está mal en ti por no haber encontrado a «tu alma gemela», lo cual tiene que ver con significados de fracaso y defecto personal por la idealización de la vida en pareja.

- Piensas que al tener pareja serás mejor recibida en tus círculos sociales en general y en el grupo de personas casadas en particular, relacionado con la creencia arraigada sobre los solteros como «peligro».

- Tener pareja hará sentir más tranquila a tu familia, así como a gente que te quiere y está preocupada por ti. Infantilizas a la persona que vive sola o que no tiene un tipo de pareja «formal».

- Consideras que la relación de pareja es más importante que cualquier otro tipo de relación humana —amistad, laboral, fraternal, filial—. Priorizas la vida familiar y de pareja sobre los otros proyectos de vida.

- Crees que la soledad es una de las experiencias más tristes de la vida. Asocias soledad con aislamiento y desolación.

- Deseas tener una pareja para trabajar menos y recibir apoyo económico de ella, que tiene que ver con el estereotipo femenino de dependencia económica y el estatus social de «tener» un hombre.

- Piensas que si no tienes pareja es difícil tener sexo. Asocias la vida sexual con la vida de pareja «comprometida».

- Sientes tu vida incompleta a falta de una relación amorosa. Ves tu proyecto de vida personal como si tuviera valor secundario y buscas obtener el sentido de vida a través de la pareja.

- Consideras que la relación de pareja te ayudará a «sentar cabeza». Sobrevaloras la relación de pareja como paso a la adultez y madurez.

- Simplemente crees que estar en pareja es más positivo que vivir en soltería. Idealizas el vínculo amoroso y lo asocias con una vida feliz.

Estas razones, si las piensas bien, depositan en la relación de pareja lo que es responsabilidad propia: se espera de ella lo que muchas veces depende de uno mismo, como lo hemos hablado a lo largo de este libro. Si la pareja está cubriendo vacíos personales, la dirección de tu relación no será tan fructífera. Si inicias una relación por razones, anhelos, presiones e intereses sociales que no corresponden con tus genuinas necesidades, deseos y valores, no le auguro un buen futuro.

PARA ELEGIR MEJOR...

Dejando fuera las señales de alerta que nos indicarían peligro antes de elegir, seguir trabajando en la propia madurez y no correr el riesgo de involucrarnos en una relación dependiente, desgastante y destructiva, vamos ahora a describir otros aspectos, fuera de los lugares comunes —aspectos estéticos, ideologías similares, nivel de educación compatible—, y cualidades, como respeto, honestidad, y equilibrio, que se pueden dejar fuera fácilmente a la hora de elegir un buen amor. Considerar las siguientes claves proporciona información valiosa sobre la persona que «tenemos en la mira».

- **ELIGE A ALGUIEN CUYO OLOR TE AGRADE.** Te sorprenderá saber que el sentido del olfato no sólo tiene relación con el gusto por las cosas que comemos o con los aromas de los ambientes que habitamos, sino que también activa nuestro deseo de relacionarnos erótica y amorosamente con alguien, o, por el contrario, de rechazarlo. Efectivamente, el olfato juega un papel importantísimo en que nos sintamos a gusto con alguien; este sentido forma parte de nuestro sistema nervioso más primitivo, por lo que genera el más inconsciente y poderoso *test* de compatibilidad. Si no te agrada el olor de tu candidato a pareja, difícilmente podrás sostener una convivencia él: ¡la química sí existe! No basta compartir deseos, intereses y valores, se requiere un *match* básico en la química corporal.

- **ELIGE ALGUIEN QUE NO ESTÉ EXCESIVAMENTE APEGADO A SU MADRE O A SU PADRE.** De lo contrario, acabarás siendo una segunda madre y te verás obligada a rivalizar con sus verdaderos progenitores. Las personas que idolatran a su mamá o a su papá no acaban de lograr la autonomía emocional, ya sea por exceso (porque tuvieron una «muuuuuy buena» madre que les dio de más) o por defecto (literalmente les faltó nutrimento y hoy lo demandarán a la relación). Además, no sobra decir que los hijos «muy buenos» tienden a ser malas parejas, pues nunca sueltan el rol de «hijo parental», priorizando a su familia de origen sobre su relación amorosa.

- **ELIGE A ALGUIEN QUE NO SE SIENTA INSIGNIFICANTE.** ¡Y, de hecho, que no lo sea! Alguien que no se muestre insípido, soso, intercambiable por cualquier otra persona, «poquita cosa» en general. La insignificancia suele buscar compensación con actitudes ausentes, con la huida, con el poco compromiso y la cobardía, o bien con el deseo de imponerse a la pareja desde la petulancia y la arrogancia con la intención de opacarla para que él pueda destacar. Al elegir pareja, es importante encontrar a alguien que se quiera y que lo quieran, es decir, que cuente con un buen concepto de quién es, de qué quiere, de quién lo quiere y de qué forma da y recibe amor.

- **ELIGE A ALGUIEN QUE TENGA EL TRABAJO Y EL DINERO NECESARIO PARA ASEGURARSE UNA AUTONOMÍA ECONÓMICA.** Desde que nacemos el aspecto económico está presente en nuestras vidas. Para bien o para mal, vivimos en una sociedad capitalista donde el dinero no sólo nos sirve para comprar y vender objetos, sino que tiene un significado a nivel psicológico: seguridad, poder, éxito, amor. Sin dinero suficiente, tu pareja no sólo limitará su mundo de posibilidades, sino que quizás tendrá que someterse a tu bolsillo y a las decisiones que tomes tú, lo cual tiene un costo alto para ambos. Tener un trabajo, conservarlo, sostenerse, es una tarea vital de cualquier ser humano que jacta de haber conquistado la madurez. Además, generar cierta riqueza material facilita que la relación de pareja no se reduzca a tener que sacar a flote las necesidades básicas de sobrevivencia y que el estrés de la vida cotidiana limite un espacio amoroso de cierta creatividad, disfrute y satisfacción.

• **ELIGE A ALGUIEN CUYO PROYECTO DE VIDA NO SEA SÓLO «EL AMOR».** Alguien sin un proyecto de vida personal que lo implique en forma apasionada y comprometida en diversos intereses y valores, hará de ti el sentido principal de su existir, así que tendrá demasiadas expectativas puestas en lo que le des, en lo que no le des, en lo que hagas y dejes de hacer, lo cual difícilmente le podrás cumplir. Quien hace del amor el único proyecto de vida acaba esperando una fusión, que, si bien al principio puede resultar graciosa y tentadora, al paso del tiempo termina por ser asfixiante para los miembros de la pareja y para la relación.

• **ELIGE A ALGUIEN QUE HAYA INVERTIDO TIEMPO Y DINERO EN SU PERSONA.** La falta de una cierta vida previa bien andada deja en la persona escogida un trayecto de tareas pendientes por realizar y al paso del tiempo surgen inquietudes vitales que pueden estar fuera de la perspectiva de la relación. Escoge a alguien que tenga cierto «mundo», es decir, suficientes experiencias de vida que le hayan dado la posibilidad de construirse en la persona que quiere ser.

Alguien que se ha invertido tiempo y dinero en todos los aspectos importantes que constituyen la personalidad humana: intelectual (cultura y estudios), corporal (cuidado de su persona), erótico (experiencias erótico amorosas), emocional (madurez y lenguaje afectivo), actitudinal (desarrollo de conductas diversas hacia las personas, el mundo y la vida), tendrá una personalidad definida, más que ofrecer y menos que necesitar.

- **ELIGE A ALGUIEN QUE TRATE BIEN A LOS EXTRAÑOS.** Sobre todo a los extraños que están por debajo de él en la línea jerárquica: empleados, camareros, personal de servicio. Las personas prepotentes, que hacen alarde de su fuerza y superioridad, tienen muy arraigada las ideas de clase, estatus, raza, género y poder; tienden a posicionarse en un lugar de supremacía y ventaja. Los primeros días en su encuentro contigo será amable, respetuosa y paciente, pero tarde o temprano te tratará como a todas esas personas.

- **ELIGE A ALGUIEN QUE NO SE ATE DEMASIADO AL PASADO.** Una obsesión excesiva por «el aquí y el ahora» puede ser evasiva e impedir capitalizar las experiencias vividas con anterioridad: el pasado es fuente de aprendizaje; sirve para detectar errores, no repetirlos, reparar, cuestionar y planear. Sin duda integrar la vida pasada permite entender los propios orígenes y con ello comprendernos a nosotros mismos y la vida en general. Sin embargo, el pasado no sirve para quedarse a vivir en él.

    Hay personas que piensan que «cualquier tiempo pasado fue mejor»; tienden a ser rígidas y melancólicas, aferrándose a lo que fue y ya no será: desde el estilo de familia que vivieron, pasando por los amigos de su escuela primaria, hasta los valores de estilo de vida de antaño que hoy se diversifican inevitablemente en una multiplicidad.

Alguien que se ate a su pasado personal o al pasado del amor que viva contigo difícilmente podrá asimilar que su relación —y la vida toda— se irá transformando sin garantías que aseguren hacia dónde será su devenir. El amor asimila e integra el pasado, pero vive en el presente.

- **ELIGE A UN BUEN CONVERSADOR.** Somos seres racionales y el lenguaje da cuenta de esto. Nuestra capacidad para abstraer y conceptualizar permite dar nombre a las cosas para generar significados y crear vínculos. Conversando podemos expresar nuestros pensamientos, así como externar tanto nuestros afectos como nuestros deseos y conocer los de los demás. Esta cualidad bien desarrollada no se agota con el tiempo; por el contrario, se alimenta, se nutre, se cultiva; abre espacios e intercambios ricos e interminables. La tan temida «falta de comunicación» en las parejas tiene que ver más con enojos y diferencias mal manejadas, que con la pérdida de esta deliciosa habilidad.

  Elige a alguien que cuente, que comparta, que no te interrumpa, que te escuche, que delibere y cuestione... alguien que pueda jugar con las palabras, que te interese escucharlo, que te abra un mundo de preguntas y experiencias con su hablar. Un buen conversador tiene contenido personal e intelectual; genera interés y curiosidad.

- **ELIGE A ALGUIEN CON EL QUE TE SIENTAS ORGULLOSO DE IR A SU LADO.** No significa que tenga que ser el más guapo, el más estético, pero sí alguien que para tus parámetros te resulte armonioso, equilibrado, alguien con quien te sentaría bien compartir un paso. Si te vieras junto a su imagen frente a un espejo o en una fotografía, ¿te sentirías cómoda? Si no es así, ¿qué te depara el futuro cuando los defectos se hagan más evidentes y cueste más trabajo sostener lo valioso del principio?

- **ELIGE A ALGUIEN QUE NO SEA EXTREMADAMENTE RÍGIDO.** Una persona de ideas fijas, de moral puntillosa, de principios inamovibles podrá ser «un diamante valioso», pero su dureza al paso del tiempo te costará caro. La gente rígida organiza un estilo de vida tenso y «almidonado»: con muchas normas de lo que es «bueno» y lo que es «malo». De igual forma, construirá una vida repleta de categorías: «esto es admisible, esto es impensable», «aquello es feo; esto es lo único aceptable». Con alguien así habitarás una vida llena de inclusiones y exclusiones en cuyos compartimentos terminarás por no encajar. Además, hay que tener en cuenta que en esas rigideces lo íntimo y lo erótico tiende a ser muy pobre, soso y marginal.

- **ELIGE A ALGUIEN QUE PUEDA RESULTAR UN BUEN EX O QUE DE HECHO YA LO SEA...** Porque si tu candidato a pareja despotrica, chantajea, culpa o «tortura» a sus anteriores parejas, en caso de que tu llegues a serlo la historia se repetirá. De una u otra manera y por duro que suene, el fin último de toda pareja es la separación: ya sea por muerte o porque alguno de los miembros decida que ya no quiere seguir en la relación. Esto aplica desde los noviazgos entre adolescentes hasta los matrimonios de más de 50 años de casados; en realidad hay mucha probabilidad de que todos lleguemos a ser ex de alguien y por tanto también la futura pareja de otra persona. Si has salido ya de una o más relaciones amorosas, pregúntate: ¿eres tú una buena ex? Si te detienes a reflexionar esta pregunta, puedes descubrir, en tu fuero interno, si quisieras o no ser tratada como lo haces o lo hiciste con tu expareja.

Un buen ex es alguien que honra sus relaciones pasadas porque sabe que a través de ellas se ha construido como persona y como pareja. Un buen ex sabe también que, si muchas de estas relaciones no fueron suficientemente buenas, todas tuvieron, cuando menos al inicio, momentos de alegría, de placer y seguro de aprendizaje. Reconoce que las relaciones pueden deteriorarse y terminar por las razones que sean: una mala elección, incompatibilidad de caracteres o simplemente porque se acabó el amor...; sin embargo, acepta que, si la relación no fue un éxito, no fue por la culpa de uno solo, sino por un sinfín de factores. Un buen ex no es quien deja cabos sueltos ni quien necesariamente es «amigo» de su ex, sino quien honra lo que se tuvo y respeta a la persona que se amó.

Si observamos bien, todas estas reflexiones apuntan a lo que puede permitir o no que se desarrolle un amor basado en la libertad, el respeto, la igualdad, el cambio y el crecimiento.

El amor existe, de eso no tenemos la menor duda, y aunque no podemos pensar que existan amores perfectos que satisfagan todas nuestras necesidades y colmen todos nos nuestros deseos, no deberíamos claudicar ante la aspiración de vivir amores suficientemente buenos. Estos buenos amores derivan, en parte, de la responsabilidad del propio crecimiento; de asumirnos por completo con nuestras carencias y limitaciones; de responder por los propios actos, palabras y pensamientos. Acompañan la vida e invitan al disfrute, así como a la construcción de una personalidad y un mundo mejor. Ellos se miden más por sus efectos que por sus extraordinarias cualidades.

Nos rompemos la cabeza evaluando si un amor vale la pena, si esa persona es la adecuada para recorrer la vida acompañada de ella, si la relación está viva y merece cultivarla. Son tantos los criterios para valorar un buen amor que ahora toca apelar a la experiencia, a lo que la relación produce en uno mismo. Un buen amor tiene efectos particulares en una persona, la vida diaria y el devenir. Quizás algunos de ellos son los siguientes:

- **Aporta tranquilidad.** Una relación que nos mantiene intranquilos, temerosos, estresados permanentemente en la compañía de la pareja nos roba la paz. Un buen amor genera tranquilidad, esa que se experimenta al encontrarse bien en la presencia cotidiana del otro. Una relación amorosa ha de ser capaz de dar apoyo, contención y colaboración en la solución de los problemas que surjan en las vicisitudes del vivir. Una pareja que crea más complicaciones de las que resuelve genera un laberinto interminable de inquietudes. Si la relación es amorosa, es capaz de hacer la vida más libre, más clara, más segura, más acompañada, predecible y plácida generando valor mutuo en la vida de la pareja.

- **Abre opciones de vida.** Una relación que cierra puertas de desarrollo y de crecimiento no es un intercambio amoroso. Un buen amor genera ideas, proyectos, pensamientos y prácticas en los proyectos vitales individuales y comunes de la pareja; así las opciones de vida de cada uno de sus miembros aumentan.

- **Produce placer.** Sea como sea que la pareja defina placer, la relación amorosa lo produce. Placer en todas sus variantes, pero por supuesto incluyendo de manera particular el placer erótico, el vinculado a la experiencia de la sexualidad humana.

- **Genera ternura.** Los seres humanos seguimos siendo muy primitivos, muy básicos: potencialmente predadores aun en nuestra socialización. Así como las relaciones amorosas pueden contener agresividad y pueden destruir, pueden generar ternura. En la ternura, el amor supone que se acepta el proyecto del otro como ser humano en un contexto de afecto y apapacho también.

- **Favorece la madurez.** Un buen amor es aquel en el que cada uno se apoya en las características del otro para su propio crecimiento. Entendamos *madurez* como la capacidad de ser independiente del medio, lograr la autonomía emocional, material y social hasta donde es posible; gracias a ello, es posible caminar para lograr nuestros sueños de manera eficaz y realista.

- **Nos deja algo insatisfechos.** La totalidad del amor, la incondicionalidad, el absoluto no son propios del amor adulto, sino de un amor infantil. No se puede lograr la satisfacción total en el amor —ni en casi nada—, pues somos seres contradictorios, cambiantes e imperfectos. El intento de lograr amores totales deviene en relaciones regidas por la dependencia, la fusión, la posesión, y, por tanto, en algún tipo de violencia. Se espera tanto que todo acaba resultando muy poco; incluso se puede dar «todo» por un amor y, al mismo tiempo, ser sólo una parte de su vida. La satisfacción en la relación amorosa, aunque se dé entre dos personas, requiere de otras fuentes que complementen a cada uno y a la relación misma.

- **Invita a la transgresión.** Transgredir implica actuar en contra de la norma. En este sentido, un amor demasiado obediente, sobreadaptado, se pierde en lo social y descuida los detalles que lo hacen estimulante. Un buen amor es privado, secreto, con acciones que no se pueden contar y abrir a los demás. Un amor transgresor es esa profunda complicidad entre los miembros de la pareja.

«Con amor se sufre, sin amor se enferma», decía Freud, pero, mientras los efectos amorosos de la propia vida de pareja sean positivos, habrá que pensar un par de veces antes de cambiar de pareja y considerar mejor la posibilidad de recontratar acuerdos y actualizar la relación. **Algunas parejas logran ajustarse a lo largo de la vida y aprenden a recrear la relación que tienen; con eso abren más años de convivencia amorosa, crecimiento compartido y acompañamiento feliz.**

Al contestar estas preguntas, o estas medidas del buen amor, no seas categórica; es decir, no contestes con un rotundo *sí* o un rotundo *no*. El amor es complejo, ambivalente, contradictorio. Quizás sea mejor concebir una respuesta graduada: «poco, suficiente o mucho». Cada persona que se cuestione desde estas premisas podría tener una respuesta personal para saber si quiere o se siente querido. Naturalmente, una afirmación positiva habla de un amor satisfactorio, bueno, pero no completo, no total, no perfecto, porque eso no existe; sería asfixiante.

Quizás, más que temerle el amor, habrá que aprender a tolerar la incertidumbre de la que está conformado y de la que nunca podremos escapar. La incertidumbre forma parte de este juego de la vida: no sabemos si vamos a ganar o a perder, si vamos a vivir 100 años o un poco menos. En temas del amor, no sabemos si la pareja estará con nosotros por 50 años o por dos. Hay que disfrutar el amor con todo y su incertidumbre.

Al final, en caso de que no marche la cosa, digamos como el gran escritor irlandés, Samuel Beckett:

Prueba otra vez.
Fracasa otra vez, pero fracasa mejor.

NOTA AL LECTOR

Si elegiste este libro para leer, seguramente es porque no te sientes satisfecha con tu relación de pareja o bien porque has transitado por relaciones previas de abuso, maltrato y mucha decepción.

Espero de corazón que el contenido de este libro te sea de utilidad.

Me quedaría suficientemente satisfecha si hubieras logrado alguno de estos objetivos:

Darte cuenta de que has vivido una situación de abuso y que, si bien eres consciente de que no fue tu culpa, sí aceptas que hoy tienes la responsabilidad de salir de ella y trabajar los efectos que ha dejado en ti.

Descubrir las creencias, patrones, conceptos, historias de vida, que te han llevado a invisibilizar o minimizar el maltrato en una relación de pareja.

Reconocer las capacidades, destrezas, valores y deseos con que cuentas y que amplían y complementan tu «maleta de viaje» para continuar el trayecto de recuperación.

Encontrar opciones nuevas de elección y acción que te abran puertas para construir relaciones constructivas y tener una vida mejor.

Aprender de la experiencia vivida y adquirir la fuerza y seguridad personal para tener una vida libre de violencia.

Apreciar las características de un buen amor para poder rechazar los amores tóxicos y construir relaciones que te aporten paz, crecimiento y bienestar.

Reconocer si requieres ayuda de un especialista para continuar tu proceso personal.

¡Un fuerte abrazo!

www.terediaz.com
Facebook TereDiazPsicoterapeuta
Instagram @terediazsendra
Twitter @tedisen

2